Administración

Conviértase de JEFE A LÍDER

Guía práctica para dejar de ser un simple jefe

Rigoberto Martínez Bermúdez

Edición original publicada por © Ediciones de la U
Edición autorizada a ICB, S.L. (Interconsulting Bureau S.L.) para España

© ICB Editores (Interconsulting Bureau S.L.)
C/ Flauta Mágica, 1, local 1B. P.I. Alameda
29006 – Málaga. España
Tfno: (+34) 952 28 87 67
www.icbeditores.com
Correo electrónico: info@icbeditores.com

© Rigoberto Martínez Bermúdez

© Ediciones de la U - Carrera 27 #27-43 - Tel. (60-1) 3203510
Bogotá, Colombia
www.edicionesdelau.com
Correo electrónico: editor@edicionesdelau.com

Conviértase de Jefe a Líder. Guía práctica para dejar de ser un simple jefe

Rigoberto Martínez Bermúdez

1ª Edición

ISBN: 978-84-19720-74-0

CÓDIGO: MAIC005020

Impreso en España- *Printed in Spain*

DESIDERATA

(Max Ehrmann, 1872-1945)

"Camina plácido entre el ruido y la prisa y piensa en la paz que se puede encontrar en el silencio.
En cuanto te sea posible y sin rendirte, mantén buenas relaciones con todas las personas.
Enuncia tu verdad de una manera serena y clara; y escucha a los demás, incluso al torpe e ignorante; también ellos tienen su propia historia.

Esquiva a las personas agresivas y ruidosas, pues son un fastidio para el espíritu.
Si te comparas con los demás, te volverás vano y amargado, pues siempre habrá personas más grandes y más pequeñas que tú.
Disfruta de tus éxitos lo mismo que de tus planes.
Mantén el interés en tu propia carrera por humilde que sea; ella es un verdadero tesoro en el fortuito cambiar del tiempo.

Sé cauto en los negocios, el mundo está lleno de engaños; mas no dejes que esto te deje ciego para la virtud que existe.
Hay muchas personas que se esfuerzan por alcanzar nobles ideales, y por doquier la vida está llena de heroísmo.

Sé sincero contigo mismo.
En especial, no finjas el afecto; tampoco seas cínico en cuanto al amor; pues en medio de todas las arideces y desengaños, es perenne como la hierba.
Acata dócilmente el consejo de los años, y abandona con donaire las cosas de la juventud.
Cultiva la firmeza del espíritu para que te proteja en las adversidades repentinas, pero no te aflijas imaginando fantasmas.
Muchos temores nacen de la fatiga y la soledad.

Sobre una sana disciplina sé benigno contigo mismo.
Tú eres una criatura del universo, no menos que los árboles y las estrellas; tienes derecho a existir.
Y sea que te resulte claro o no, indudablemente el universo marcha como debiera.
Por eso debes estar en paz con Dios, cualquiera que sea tu idea de Él, y sean cualesquiera tus trabajos y aspiraciones.
Conserva la paz con tu alma en la bulliciosa confusión de la vida.
Aún con toda su farsa, penalidades y sueños fallidos, el mundo es tdavía hermoso.
Sé alegre. Esfuérzate por ser feliz."

Dedicatoria

A cada una de las jefas y jefes
que sirvieron de valiosa referencia
para mi mejor desempeño como jefe,
y a los diferentes equipos de trabajo
que tuve el privilegio de dirigir,
y que sirvieron de fuente de inspiración
para crear el presente texto-guía.

Contenido

Introducción

Algunas personas manifiestan su abierto desinterés por ser jefes; deciden, entonces, asumir el papel de subordinado durante su vida laboral; exhiben argumentos como: problemas adicionales e innecesarios, hacer informes, lidiar con personas difíciles, más trabajo, descuidar la familia, nuevos problemas de salud, entre otros. Tal vez en algún momento, cambian de opinión y reorientan la vida hacia un logro fascinante: ser jefes con todas las de la ley.

Otras, por el contrario, no solo sueñan con ser jefes, sino que hacen todo lo posible por lograrlo, pensando en lo que significa dirigir personas, ascender en la escala jerárquica, ser reconocidos como líderes. En su proyecto de vida, es clara la visión de la jefatura con sus alcances y responsabilidades; se preparan y buscan con insistencia su crecimiento personal, profesional y como jefe.

Para unos y otros, elaboro el presente texto, con dos objetivos: i) Motivar a los indecisos y apoyarlos en el arte de ser jefe, y ii) Fortalecer el desempeño de aquellos que son jefes. Ambos propósitos para virar de la idea del **simple jefe** hacia el de **Jefe Líder**.

Para lograrlo, desarrollo los siguientes capítulos:

El **capítulo 1** para describir lo que representa ser jefe, dejar claro que no existe el jefe ideal y la realidad de varios estilos de jefes, dentro de los cuales seguramente se encuentra usted; destaca la importancia de ser el mejor jefe: el jefe líder.

Como todo jefe debe caracterizarse por una serie de actitudes, conocimientos, destrezas y habilidades propias de su trabajo de dirección. Se describen las competencias básicas con sus conductas asociadas en el **capítulo 2,** enfatizando la jefatura con liderazgo. Incluye la autoevaluación del grado de dominio y aplicación de cada competencia, para incorporar los cambios necesarios en el plan de mejoramiento (capítulo 10).

En el **capítulo 3** le insisto al jefe acerca de la necesidad de poner por delante su propia existencia, evitando lo que atente contra ella, como el exceso de trabajo, los malos hábitos y las adicciones y enfermedades, con sugerencias para vivir mejor y así sortear con mejores posibilidades de éxito su gestión.

Hay jefes que ningún subalterno quisiera tener y por eso no los imagina que aparezcan en su camino. Esta clase de jefes aparecen en el **capítulo 4** facilitando la autoevaluación para determinar en qué medida usted pudiera ubicarse dentro de ciertas denominaciones de jefes, para desarrollar un plan de mejoramiento si éste es pertinente.

En el **capítulo 5** se presentan diferentes aspectos del comportamiento habitual del jefe que deben ser tenidos en cuenta, ya que son referentes fundamentales para los subalternos.

El **capítulo 6** está dedicado a mostrar elementos importantes en la dirección de equipos de trabajo, tarea que para muchos jefes es lo más importante de su trabajo.

Un jefe organizado y productivo es lo que todos los subalternos desean tener, condición clave que algunos jefes desdeñan; por eso es importante apropiarse del **capítulo 7**.

La virtud por la que más debe sobresalir un jefe es la ética, que se estudia en el **capítulo 8** con sus variables más importantes.

En el **capítulo 9** se describe lo relativo al manejo del tiempo, recurso que no es muy apreciado por algunos jefes, a pesar de los sinsabores que resultan cuando no se hace el mejor uso de él.

Finalmente, en el **capítulo 10** se propone un modelo de mejoramiento de desempeño como jefe para superar los errores y malos hábitos que usted pueda tener.

Cada ítem de los capítulos contiene sus competencias asociadas, seguida de recomendaciones concretas de *tips* para ser jefe líder.

El desempeño como jefe líder lo puede conseguir mediante esfuerzos continuados de autorreflexión y acciones de fortalecimiento personal y profesional concretas en el día a día del ejercicio de la dignidad de jeje, para lo cual cuenta con las orientaciones de esta publicación.

Queda, entonces, el presente texto-guía a disposición de quienes aspiran a ser jefes, lo son por primera vez o ya tienen experiencia en estas lides; su contenido corresponde a una nueva versión de la edición anterior, con mejoras, ampliaciones y actualizaciones.

Buena suerte, recuerde que siempre se puede ser mejor, y que el liderazgo positivo y motivador lo acompañe en todo momento para bien de la sociedad, la empresa, el equipo, la familia y usted mismo.

El autor

Capítulo 1

¿Jefe por primera vez?

"El deber de todo hombre es tratar de alcanzar continuamente la perfección"
(Mahatma Gandhi)

La jefatura, más que una posición, es una gran responsabilidad que se debe merecer, y exige ser conscientes de que se tienen derechos, pero también deberes. A una posición de mando se puede acceder de diferentes modos, con la obligación de dirigir con el mayor acierto a un grupo de personas –equipo de trabajo- donde cada integrante es único y espera lo mejor de su jefe.

Los perfiles de los jefes son diversos, sin poder afirmar que haya un modelo único al que conviene seguir; por eso, los niveles de aceptación son diversos, incluidos los gustos de quienes son dirigidos.

La historia en sus diferentes hitos muestra la existencia de jefes, es decir personas dotadas de autoridad y de mando sobre pocas o muchas personas. Se han manifestado con diferentes estilos y en diversos campos como: la empresa privada, las instituciones públicas, la milicia, la iglesia, la ciencia. Las jerarquías que imperan en estas organizaciones han formado parte constitutiva del arte de la dirección del recurso humano.

Diversas denominaciones populares y formales indican la presencia de los jefes con sus maneras particulares de dirigir, que ciertas personas gustan y otras no, porque pueden tener referentes paradigmáticos para calificar a un jefe como bueno, regular o malo.

Para algunos individuos, ser jefe es una aspiración que se cumple, mientras que otros prefieren ser dirigidos. En el primer caso, la primera experiencia puede ser traumática o, por el contrario, relativamente fácil dependiendo de los atributos personales y de su formación y entrenamiento.

Cualquiera que sea el estilo, la jerarquía, la ideología que asuma alguien que quiera ser jefe o lo sea en este momento, necesita --para un liderazgo efectivo-- de una dinámica permanente de aprendizaje, desaprendizaje y de reaprendizaje

1.1 Algunas connotaciones de "jefe"

En el ambiente cotidiano se escuchan palabras relacionadas con el jefe, provenientes de personas con las que no se ha tenido trato o se disfruta de amistad o familiaridad, como:

- Jefazo
- Jefecito
- Gran jefe
- Comandante
- Patrón
- Ministro

Diferentes interpretaciones pueden tener cabida en estas palabras en una diversidad muy grande de personas, desde el lustrabotas que le dice a uno, "buenos días jefe, ¿lo de siempre?", hasta el ministro que le dice a su jefe: "Señor presidente". Entre las interpretaciones de esta forma de trato, pueden considerarse las siguientes:

- Subordinación consciente o inconsciente frente a otra persona.
- Muestra de respeto o reconocimiento.
- Mofarse de quien se tiene al frente.
- Señal de amistad.
- Simplemente por decir algo para iniciar un diálogo, sin que tenga algún sentido en particular.

Por otra parte, con cierta frecuencia escuchamos frases que reflejan aspectos buenos y otros que reflejan lo contrario, cuando de los jefes se trata, como:

- "El que manda, manda, aunque mande mal".
- "No hay jefe que dure cien años ni equipo que lo resista".
- "Jefe se le dice a cualquiera".
- "El que sabe, sabe; el que no, es jefe".
- "El poder es como un explosivo: o se maneja con cuidado, o estalla."
- "Trabajo en equipo es un montón de gente haciendo lo que yo digo".
- "El jefe trabaja para la grandeza de la empresa, mientras que los subordinados trabajan para la de él".
- "Donde manda capitán no manda marinero".
- "Las personas no renuncian a las empresas, renuncian a los jefes".
- "Del jefe y del mulo, cuanto más lejos más seguro".
- "El jefe siempre tiene la razón".

En cualquier caso, el jefe con muchos subalternos o uno solo, reviste mucha importancia y no podemos prescindir de él; cada vez más uno quiere ver en esa persona que tiene mando, a alguien que inspira confianza, respeto, aceptación y genera la disposición de querer trabajar bajo su dirección.

***Tips* para ser jefe líder:**

- Conserve la seguridad de que ser jefe tiene mucho significado, así algunas personas no tengan esta misma apreciación.
- Como jefe, gánese la voluntad y el respeto de quienes lo rodean.

1.2 ¿Jefe yo?

¿Alguna vez soñó con ser jefe? Tal vez su idea de serlo fue fugaz o, por el contrario, la mantuvo firme a través del tiempo, hasta que tuvo la oportunidad de conducir un equipo de trabajo, resultante de una de las siguientes situaciones:

a) Unidad en que laboraba, es decir, una promoción que le asignó un equipo de trabajo conformado por los compañeros del día a día, con los cuales compartía proyectos, viajes, problemas, almuerzos, celebraciones, el mismo jefe a quien se reemplazó. Seguramente surtió un proceso de selección que condujo a su escogencia para dirigir el equipo que ya conocía. Algunos compañeros sintieron una sorpresa muy grata, otros, seguramente no.

b) Una dependencia diferente a aquella en que se desempeñaba. En este caso, si bien los subalternos eran de la misma empresa, no se conocían como compañeros cotidianos, lo que marcaba una diferencia. Pudo presentarse resistencia al nombramiento, con lo cual ya empezaron los problemas en la dirección de su equipo.

c) Dirigir un equipo de trabajo, sin estar laborando en la empresa. Aquí, no conocía la organización ni el equipo. Cuando ocurre esta designación, las expectativas son mayores que cuando se trabaja en ella, ya que el personal no cuenta con información previa del nuevo jefe. La inducción al cargo necesita más intensidad y extensión que en los dos primeros casos.

d) Llegar a la posición de jefe creando una empresa -emprendedor- y ser el gerente de la misma, frecuente en las empresas de pequeño porte y algunas medianas. Aquí se le juntaron más problemas, ya que además de ser usted el propietario, era el representante legal y jefe en la condición de gerente con variadas y complejas responsabilidades. Tal vez la empresa no sobrevivió el primer año por problemas de gerencia, porque llegó sin la preparación y el entrenamiento requeridos.

En cualquiera de las cuatro posibilidades, y sin experiencia previa como jefe, estaba frente a una realidad, creyendo que atrapaba el cielo con las manos, lo cual estaba lejos de ser cierto; en todo caso, aceptó asumir responsabilidades inherentes a la jefatura, producto de una o varias de las siguientes razones:

- Antigüedad en la empresa
- Trayectoria laboral interna o externa a la organización
- Formación académica
- Demostración de liderazgo
- Influencias directivas
- Un proceso de selección riguroso
- Dueño de la empresa
- Favoritismo de su superior.

Y ahí se encontraba usted lleno de emoción y con los mejores deseos de hacer las cosas muy bien en el nuevo rol, uno de los más importantes en la vida de toda persona.

Pues bien, con el primer día de jefatura lleno de emociones y ansiedad, también le llegaron los nuevos problemas: cómo impartir una orden y cómo verificar su cumplimiento, cómo planear el trabajo, cómo tratar a los antiguos colegas, cómo tomar una decisión, cómo evaluar el desempeño de los subalternos, cómo promoverlos, cómo distribuir las cargas de trabajo. Una serie interminable de *cómos* lo perseguían día y noche de manera incesante, sin atinar a enfrentarlos con la suficiente destreza.

Para las personas privilegiadas en el arte de la dirección de personal que, como en el caso de la música y las matemáticas, nacieron con dotes especiales, pudo ser natural y relativamente fácil asumir la calidad de jefe. Para otros, sin embargo, que no tenían este don, ni formación o entrenamiento para ser jefes, la situación era muy diferente.

Como un hecho la natura, le surgieron los desvelos, los conflictos en las relaciones de trabajo, las enfermedades, la pérdida de sueño, los problemas en el hogar, los desaciertos en los proyectos y tareas y una serie de dificultades que nunca imaginó y entraron a formar parte de su nueva etapa laboral y personal.

Algunas estrategias salieron a flote para su desempeño en el nuevo rol, como las siguientes:

- Aferrarse a los modelos de jefes que había tenido.
- Escuchar los consejos de otros jefes.
- Realizar lecturas especializadas.
- Adelantar actividades de capacitación y entrenamiento.
- Usar lo aprendido en asignaturas de pregrado o posgrado que fueran aplicables.
- Emplear la imaginación y la intuición.
- Conocer las fortalezas y en qué había que mejorar, autoexplorar las emociones más repetitivas, porqué razón las sentían y qué podía hacer al respecto.

Con el paso del tiempo, fue modelando un estilo propio como jefe (ver 1.3. Estilo de jefes), y que, muy seguramente, mantiene hasta el día de hoy, fruto del ejercicio de una de las posiciones organizacionales más apetecidas: la de jefe.

En fin, usted es jefe y tiene el reto de desempeñarse como tal, con aciertos y equivocaciones, con intuición, inspiración y conocimientos (propios de todo jefe y específicos de la actividad a cargo), con experiencia laboral, de dirección o sin ella. Necesita conducir, con el mayor tino al equipo de trabajo, para alcanzar los objetivos y metas, así como los niveles de productividad y calidad esperados.

1.2.1. Orientaciones para la primera experiencia como jefe

Cuando una persona está en la posición de empleado, tiene un trabajo asignado y lo hace como parte de un equipo. Cuando se convierte en jefe, todo cambia. Repentinamente, es responsable de los resultados propios y de un equipo, y suele preguntarse: ¿Los empleados han cumplido con sus objetivos y metas? ¿Están motivados? ¿Hay conflictos' ¿Se desempeñan adecuadamente? Si ellos fallan, el jefe también, a menos que se tomen las medidas apropiadas e inmediatas para tornar a la normalidad.

Con el nombramiento como jefe por primera vez, le asalta la pregunta: ¿cómo empezar?, seguida de: ¿Qué haré mañana al momento de ingresar a la oficina?

La respuesta a estas preguntas depende de su experiencia laboral, de los tipos de jefe que haya tenido, de su estilo y seguridad personal, de su edad, etnia, tipo de estudios y capacitación y entrenamiento recibidos, del equipo que va a dirigir, del apoyo y orientación que recibiría del superior jerárquico, si llega de fuera de la empresa o está desempeñándose en ella, si sale del equipo que va a dirigir, si antes de ingresar y contactar por primera vez con el equipo ha recibido la inducción general al cargo y específica como jefe con sus funciones, facultades y responsabilidades.

Como podemos ver, existen diferentes factores que entran en juego al inicio de esta primera experiencia, que marcan de manera significativa en el desempeño futuro como jefe del equipo de trabajo a conducir.

Independientemente del resultado de la evaluación de cada una de estas variables, conviene que tenga en cuenta algunos aspectos clave antes de comenzar la carrera de jefe, como:

a) Por parte de la empresa:

- Suministrar la inducción general y específica del cargo. Si esta acción no se da –lo que sería inexcusable— el nuevo jefe debe apropiarse de las funciones y facultades en forma directa al llegar al nuevo puesto.

- El personal debe estar enterado de quien llega como jefe, del cual debe conocerse su perfil general.

- Reunir al personal para presentar el nuevo jefe, con la bienvenida protocolaria.

- Hacer entrega del puesto de trabajo con el estado de los planes, programas y proyectos y los procesos documentados, bien por el jefe saliente o por el superior jerárquico del nuevo jefe.

b) A cargo suyo, como nuevo jefe:

- En el saludo general, presente su filosofía y estilo de trabajo.

- Salude de mano a los integrantes del equipo para generar una confianza mutua con ellos.

- Realice una sesión de conocimiento de la gestión que desarrolla cada miembro del equipo y los procesos en los que participa, tomando las notas pertinentes.

- Tómese el tiempo necesario para conocer y evaluar los problemas de la dependencia que va a dirigir.

- Tenga en cuenta las técnicas y prácticas que aprendió a través de la capacitación y entrenamiento o que asumió como apropiadas en las experiencias con otros jefes.

- Haga un alto en el camino y reflexione sobre lo que ocurre, para ajustar las prácticas propias, lo que se convierte en una tarea mientras sea jefe.

- Recuerde que la primera impresión marca en forma considerable para el resto de tiempo como jefe del equipo; por eso, hay que prepararla adecuadamente.

- Aprópiese paulatinamente de los contenidos y guías de la presente publicación en aquello que considere útil y apropiado.

- Mantenga claro que su comportamiento como jefe es el referente para sus subalternos; la buena compostura debe verse desde el primer momento.

- De ser posible, cuente con un mentor para el debut como jefe, y en las situaciones que en el futuro puedan presentarse y demanden algún tipo de acompañamiento.

De la manera como usted dirija al equipo en los primeros días, dependerá el grado de su aceptación por parte del personal, al que sólo le alimentan expectativas que espera ver cumplidas a medida que pasa el tiempo y se consolida el estilo del nuevo jefe.

***Tips* para ser jefe líder:**

- Tome las cosas con calma; cada una de ellas tiene su propio ritmo.
- Tómese en serio su gestión de la que es responsable y de la dirección del equipo, con mentalidad de líder.
- Comience con la información disponible para dirigir el equipo de trabajo y asuma el nuevo rol con la idea de formarse de manera permanente.
- Exija la inducción general y específica del cargo.
- A cada caída, una levantada que lo llevará a no incurrir en el mismo error.

1.3 ¿Existe el jefe ideal?

"Muchos tienen éxito inmediato por lo que saben; algunos tienen éxito temporal por lo que hacen; pero pocos logran éxito permanente por lo que son" (John C. Maxwell).

Este interrogante tiene mayor significado por quienes son jefes por primera vez, ya que crean estereotipos de jefes que han tenido o se imaginan uno con las cualidades perfectas. Lo cierto es que no existe un modelo de jefe ideal ni dos jefes iguales, pero suele enfatizarse con frecuencia la competencia del liderazgo como cualidad esencial. En la práctica, lo que existe son diferentes estilos de jefe, unos vistos de mejor manera que otros, al igual que existen jefes que se diferencian por su estatura, peso, etnia, formación académica, experiencia, actitud, genio, voz, gustos, que son parte de toda persona.

Lejos de considerar un perfil único de desempeño, se trata de que cada jefe se comporte como tal, de manera auténtica, dentro de un marco general de actuación, con sus características individuales para ejercer el mando, considerando -eso sí- que es importante potenciar las virtudes y atenuar o desechar los defectos y errores.

¿Usted es el jefe? o, ¿parece que es el jefe? Cuando se analizan las características, los comportamientos y las actitudes de quienes tienen la responsabilidad de dirigir personas, se observa que son jefes quienes así se sienten y asumen el compromiso de cumplir objetivos que beneficie a la empresa y a sus subalternos.

Están quedando fuera de escena los jefes que se autoproclaman como tales, avalados por un aviso a la entrada de la oficina o por el cargo que acompaña la firma de los documentos, y no por la valoración, condición de líder y aceptación y reconocimiento de sus subalternos. Si alguien necesita actuar cubriéndose del manto de la apariencia de ser un líder, debe reflexionar sobre los perjuicios que puede causar al equipo de trabajo y a la empresa en la que ostenta el cargo de director, ministro, comandante, gerente, jefe de división, coordinador, etc.

Estas personas pueden responsables de un clima laboral tenso, de la desmotivación del equipo, del elevado índice de ausentismo y, finalmente, de los logros negativos en materia de calidad, productividad y resultados.

La jefatura, independientemente del nivel que tenga dentro de la organización, con pocas o muchas personas a cargo, es una gran responsabilidad que no se debe asumir a la ligera, por las implicaciones que conlleva.

La posición de jefe es algo que se debe merecer y a la cual se debe llegar mediante un riguroso proceso de selección y una cuidadosa formación y entrenamiento no solamente en los asuntos técnicos, sino fundamentalmente en el arte de dirigir a las personas dentro de un enfoque de liderazgo, y con la convicción de que es un reto que vale la pena enfrentar y para el cual hay que prepararse por medios idóneos propios o por intermedio de la empresa.

Resulta difícil disponer de una fórmula valedera, ni de un recetario que conduzca a la jefatura exitosa al 100%. Por el contrario, se trata de un proceso profundamente humano, lleno de ensayos y errores, éxitos y fracasos, aprovechamiento y pérdida de oportunidades, intuiciones y lógica.

Los textos especializados y las ofertas de crecimiento están a la orden del día y ayudan al proceso de mejoramiento continuo; no obstante, la mayor parte del aprendizaje se hace a través de la experiencia misma y de un propósito fuerte y sostenido de desarrollo como persona y como jefe.

¿Se puede aprender a ser jefe líder? ¡Claro que sí! Se puede lograr a través de un proceso continuado, en el cual la formación y capacitación, pulen las cualidades innatas. Lo importante es aceptar que es necesario mejorar cada día y hacer lo necesario para que el desarrollo ocurra para superar las falencias y que, dentro de la propia realidad y posibilidades de cada jefe, se logren modificar ciertas habilidades, destrezas y actitudes, mediante un trabajo organizado y planificado de superación personal y profesional, generando un valor agregado para los diferentes estamentos de la empresa, los colaboradores, los colegas y el propio jefe.

***Tips* para ser jefe líder:**

- Cada jefe es dueño de su propio estilo, que lo diferencia de otros; potencie su estilo cada día dentro de un enfoque de liderazgo positivo para bien de la sociedad, la empresa, el equipo de trabajo y usted mismo.
- Evite las imitaciones, actúe dentro de su propia autenticidad.

1.4 ¿Cuál es el mejor estilo de jefe?

"Si tus acciones inspiran a otros a soñar más, aprender más, hacer más y ser más, eres un líder"
(John Quincy Adams)

La gente suele referirse a la palabra "estilo" con mucha frecuencia y en diversos ambientes, como se puede ver en las siguientes expresiones:

- "Tiene muy buen estilo para hablar".
- "Conduce con estilo".
- "Su estilo es muy refinado".
- "Le falta estilo".
- "Me gusta el estilo del nuevo jefe".

Aquí puede apreciar una muestra de comportamientos o formas de hacer las cosas que distinguen a las personas en diferentes situaciones, que en general son compartidos por quienes están cerca o tienen algún tipo de contacto.

Podemos notar que expresa una individualidad con un sello característico único que marca diferencias entre unas personas y otras, que reflejan creencias, valores, inclinaciones, gustos, comportamientos, entre otros aspectos de la personalidad. El estilo personal es la impronta, la forma de ser reconocidos y recordados.

Para el caso de los jefes, los estilos aparecen bajo diversas visiones, que en muchos casos dependen de cómo lo quieran ver los subalternos y se acomoden a las pretensiones de éstos; por eso, para una parte del equipo puede resultar atractivo tener un jefe "blando", es decir buena persona, conciliador, amistoso, amigo antes que jefe, mientras que para otra parte del equipo, esta forma de actuar puede ser interpretada como un mal estilo para dirigir un equipo de trabajo.

A continuación, describimos de manera resumida los estilos de jefatura más comunes con sus características distintivas; a partir de esta clasificación, usted puede descubrir su perfil de jefe dominante o, por el contrario, encontrar que posee un poco de todos, lo que resulta más común en la vida de las organizaciones cuando de jefes se trata.

a) Autocrático

- Logra los resultados por medio de la autoridad que le confiere un nombramiento interno o la condición de dueño de la empresa.
- Aplica la estrategia del castigo y la recompensa.
- Toma las decisiones en forma autónoma.
- Ordena y espera obediencia, sin tener en cuenta al personal, ganándose la antipatía de éste y por consiguiente una buena dosis de resistencia.
- Aplica controles exhaustivos a cada trabajador.
- Subvalora a los empleados, ya que no tiene en cuenta sus conocimientos o habilidades y restringe su espontaneidad.
- No gusta de aquellos que se le oponen.
- Impone obligaciones al equipo sin consultarlo, o acude a él cuando la decisión ha sido tomada.

- Considera la información como un mecanismo de poder y de manipulación.
- Rara vez es indulgente con quienes incurren en fallas.

b) "Dejar hacer"

- Renuncia a guiar, abandonando a sus colaboradores a su propia suerte y poco participa del trabajo en equipo.
- No les presta mayor interés a las acciones del personal ni a los métodos de trabajo adoptados. Deja proceder en la medida en que no lo afecte, en una especie de concesión al libre albedrío.
- No exige el cumplimiento estricto de tareas y objetivos.
- Realiza muy poco trabajo productivo y aporta escasa o ninguna contribución en la ejecución de las actividades programadas.
- Su finalidad básica es la supervivencia, y por lo tanto el equipo no es importante para él.

c) Democrático

- Busca ideas y estimula al personal a participar en la toma de decisiones, en aras de lograr un nivel muy alto de iniciativa, cohesión, espíritu de equipo y libertad de acción.
- Ofrece alternativas de solución a los problemas y retos y deja elegir a sus colaboradores entre ellas.
- Imparte instrucciones después de consultar al equipo.
- Se considera un integrante más del equipo de trabajo.
- Fomenta el trabajo en equipo.
- Practica la delegación sin temor.
- Cuando realiza una actividad o pone en práctica un plan, se asegura de que todos los miembros del equipo estén informados.
- Asume los logros como el resultado de un trabajo conjunto, no de una persona en particular.

d) *Coach* (entrenador)

- Ayuda a desarrollar a las personas con las que trabaja para que impacten positivamente en los resultados, elevando el nivel de compromiso.

- El mejoramiento continuo es una de sus grandes estrategias.
- Reconoce en sus colaboradores sus fortalezas y les ayuda a desafiar sus propios paradigmas.
- Promueve el trabajo colaborativo, en el cual todos aportan para obtener resultados que no se alcanzarían de manera individual.
- Ayuda a sus subalternos a hacerse responsables, y a sentirse seguros para asumir desafíos y compromisos que contribuyan a materializar la visión de mediano y largo plazo.
- Predispone a las personas hacia el trabajo en equipo.
- Escucha con atención las sugerencias de los empleados.
- Facilita el aprendizaje y entrenamiento de sus colaboradores y los ayuda a alcanzar los objetivos y metas.
- Demuestra confianza en la capacidad de sus colaboradores, a quienes ayuda a desarrollar su potencial y sacar lo mejor de sí mismos.
- Empodera a su equipo de trabajo, lo hace responsable por los resultados y lo ayuda a utilizar los errores y adversidades como oportunidades de crecimiento.
- Guía a los trabajadores en la superación de obstáculos y problemas.
- Solicita las opiniones de los subalternos y demuestra respeto por ellas, abriendo así la oportunidad de obtener información valiosa.

e) Burócrata

- Los reglamentos y procedimientos establecidas por la empresa son su mejor guía para que todo funcione.
- Rara vez acepta cambios en los procesos, objetivos y metas.
- El formalismo hace parte importante de su gestión, acompañado de alto grado de detalle del trabajo que realizan sus sibalternos.
- Le cuesta trabajo aceptar iniciativas que provienen de aquellas personas que se encuentren por debajo de su nivel jerárquico.
- Ejerce un alto nivel de control en el trabajo.

f) Paternalista

- No valora la iniciativa, puesto que quiere hacer todo por sí mismo.
- Considera limitados y a veces inútiles a sus subalternos.
- No es amigo de la delegación.
- Cuando este líder se ausenta, los empleados no saben qué hacer.
- Los resultados son suyos, no del equipo de trabajo.
- Trata a los empleados como niños y no como adultos capaces.
- No promueve el trabajo en equipo.
- Gusta que los colaboradores recurran a él para solucionar los problemas.

g) Jefe Líder

Esta categoría se adquiere mediante una cuidadosa preparación no sólo en los temas propios del trabajo, sino en el arte de dirigir de manera exitosa a otros, con la convicción de que es un reto que vale la pena enfrentar y para el cual se debe formar y entrenar.

Dentro de las cualidades y comportamientos del auténtico jefe líder se destacan los siguientes, dentro de un perfil que lo ubica frente a sí mismo, el equipo de trabajo y la empresa.

a) En lo personal:

- Ejerce influencia positiva en los integrantes del equipo, convirtiéndose en referente seguro para sus colaboradores.
- Es asertivo, es decir tiene la capacidad de ser directo, claro, honesto y respetuoso al momento de transmitir sus pensamientos y guías.
- Rechaza toda manifestación de acoso laboral.
- Tiene claro que los intereses generales prevalecen sobre los particulares.
- Posee la actitud, el conocimiento técnico y las destrezas necesarias para cumplir exitosamente con las actividades que le asignan.

- Empieza por liderarse a sí mismo, y acepta el liderazgo como una responsabilidad, no como un privilegio.
- Asume la responsabilidad de su comportamiento y sus decisiones.
- Demuestra fehacientemente la ética en todas sus actuaciones.
- Acepta el liderazgo como una responsabilidad, no como un privilegio.
- Se mantiene alejado del comportamiento egoísta, permitiendo que quienes están a su cargo surjan, se formen y obtengan resultados positivos.
- Desecha e impide cualquier manifestación de discriminación, humillación y degradación en el trato humano.
- Se conoce muy bien a sí mismo, lo cual implica una profunda comprensión de sus emociones, fortalezas, debilidades, necesidades y motivaciones propias.
- Muestra gran sensibilidad hacia los demás.
- Predica con el ejemplo y lo que dice coincide con lo que hace.
- Dice las cosas como son. Por duras que sean las noticias, no se adorna y mucho menos las oculta.
- Es proactivo, o sea, anticipa los hechos y se prepara para enfrentarlos.
- Mantiene alto nivel de autocontrol.
- Es capaz de mirar hacia atrás a los errores pasados y de hacer autocrítica objetiva.
- Aprende, desaprende y reaprende de manera continua.
- Potencia las habilidades que le facilita el razonamiento, análisis y discernimiento de los hechos, así como la correcta deducción de las soluciones.
- Sabe afrontar y resistir la adversidad, y forja un comportamiento vital positivo pese a las circunstancias difíciles o traumáticas.
- Posee la capacidad para enfrentar las adversidades, superarlas y ser transformado por ellas.
- Tiene claro que primero es el SER, que al SABER SABER y el SABER HACER.

b) Frente al equipo de trabajo:

- Emplea diferentes maneras de motivar al personal y es creativo en la forma de lograrlo.

- Sus actitudes potencian el compromiso de los trabajadores y su implicación positiva en los proyectos y tareas.
- Está atento y hace lo que está a su alcance para lograr el desarrollo y crecimiento de las personas a su cargo.
- Estimula a sus subalternos a buscar las mejores soluciones a los problemas.
- Trata a las personas con el mayor respeto y consideración, anteponiendo siempre la dignidad de las personas.
- Facilita a los integrantes del equipo desenvolverse en un ambiente de confianza y seguridad.
- Transmite las órdenes con respeto y dentro del procedimiento establecido.
- Comparte los resultados –buenos o malos- con los colaboradores.
- Dialoga en forma abierta y amplia con el personal.
- Desarrolla adecuadamente los planes, programas, proyectos y procesos, como base del sistema de gestión del equipo.
- Fomenta la cualificación, el compromiso y el éxito de las personas a nivel individual y de equipo para que se aseguren la consecución de los objetivos y metas.
- Hace uso efectivo de la delegación.
- Fomenta la comunicación clara y concreta en un entorno de respeto.
- Alienta la confrontación positiva entre los miembros del equipo.
- Enfatiza la autonomía y el criterio propio de los miembros del equipo.
- Acepta las diferencias individuales.

c) Frente a la empresa:

- Sabe que la gestión exitosa de la empresa sólo es posible a través de las personas, por eso las valora, las invita a participar y las motiva.
- Hace uso productivo de bienes y servicios.
- Promueve el cumplimiento de las metas de la organización y respeta sus normas.

- Antepone los intereses de la organización a sus propios intereses.
- Apoya decididamente a la organización en eventos difíciles.
- Demuestra sentido de pertenencia en todas sus actuaciones.
- Toma la iniciativa de colaborar con sus compañeros y con otras áreas cuando se requiere, sin descuidar sus tareas.
- Cumple con los objetivos y metas asignados.
- La información que genera es veraz y oportuna.
- Procura el logro de los mejores resultados.

La adopción de su propio estilo de gestión como jefe no significa agregar un enfoque novedoso que podrá parecer poco natural o falso. Se trata de ir afirmando sus comportamientos y práctica y conducirlos a un mejor estado de desempeño. Su meta es desarrollar su estilo de liderazgo que sea compatible con su personalidad de jefe, es decir que encaje con su manera de ser.

El estudio de la presente publicación, le ayudará usted en la aplicación de lo que considere valioso y oportuno para su mejor gestión al frente del equipo que dirige, dentro de un marco claro y seguro de liderazgo, que le puede llevar a:

- Acentuar su desarrollo personal, empezando con un gran conocimiento de sí mismo.
- Buscar la retroalimentación honesta y objetiva de otras personas sobre sus comportamientos y el desempeño observados.
- Descubrir sus fortalezas y debilidades, para migrar de un desempeño mediocre o normal a uno fuera de serie, convirtiéndose en un modelo a seguir.
- Buscar y aceptar trabajos retadores, esto es, que se enfrente a sucesivas situaciones con tareas y personas cuya gestión demande un liderazgo eficaz.

***Tips* para ser jefe líder:**

- Sea un auténtico jefe; para ello, refuerce sus condiciones de líder, potencie sus fortalezas, reconozca y supere paulatinamente sus debilidades.
- Lea las competencias del jefe líder que aparecen en el capítulo 2°. y fortalezca su desempeño con la lectura del texto de manera paulatina y los demás conocimientos y actividades de formación que le permitan ser un verdadero jefe líder cada día.

1.5 Aprender, desaprender y reaprender de manera continua

"Liderazgo y aprendizaje son indispensables el uno para el otro"
(John F. Kennedy)

Uno de los mayores riesgos a que se ven abocados los jefes es el estancamiento en su aprendizaje, situación que se deriva de las mismas responsabilidades y de la equivocada convicción de que la experiencia y la formación alcanzadas son suficientes para un buen desempeño durante la vida, desechando posibilidades de adquisición de nuevos saberes y prácticas.

También es común, aunque en menor proporción, la posesión y uso de conocimientos que están fuera de época o no son aplicables al área de trabajo, o, al contrario, el desdén por los fundamentos cognitivos históricamente válidos y que supuestamente han caído en desuso.

Para el jefe resulta muy importante entender que las organizaciones que más se destacan son aquellas que desarrollan a su personal, le brinda bienestar, lo respetan, le facilitan su participación en los planes, programas y proyectos, y que la dirección es ejercida por jefes líderes, quienes se distinguen por su capacidad para:

a) Aprender: Asimilar y adquirir conocimientos nuevos.
b) Desaprender: Desechar conocimientos que no tienen vigencia o aplicación práctica.
c) Reaprender: Retomar los conocimientos que en cierto momento no eran útiles pero que adquirieron validez nuevamente.

No obstante, con relativa frecuencia, se observa la asistencia de los empleados a eventos de capacitación al interior de la empresa y fuera de ella, mientras el jefe no sale de su oficina; se resiste a renovar o adquirir conocimientos, tal vez porque considera que ya ha superado la formación académica y las actividades de actualización resultan innecesarias. A más alto nivel en la jerarquía, este fenómeno tiende a ser mayor, salvo uno que otro congreso nacional o internacional muy connotado, donde en ciertos casos se asiste para hacer relaciones públicas y uno que otro contacto de negocios.

Algunas de las razones que usted como jefe debe tener en cuenta para implementar un plan de autodesarrollo mediante el aprendizaje/desaprendizaje/reaprendizajes continuos son las siguientes:

- Mantener un alto nivel de desempeño profesional y como líder.
- Fortalecer sus competencias como jefe.
- Desarrollar su creatividad e innovación.
- Enfrentar las exigencias del entorno.
- Actualizarse en conocimientos y prácticas nuevas.
- Intercambiar experiencias.
- Asumir los cambios con más posibilidades de éxito.

Su responsabilidad como jefe en el campo del aprendizaje continuo (aprender/desaprender/reaprender) tiene algunas facetas, como se aprecia enseguida:

a) Consigo mismo: Revisión y actualización constante de sus conocimientos, a través de diferentes medios de aprendizaje, la asistencia a instituciones especializadas y universidades, el intercambio profesional, el aprendizaje en su sitio de trabajo.

b) Con sus subalternos: Participación del personal en eventos formativos y de actualización temática, no sólo en el campo específico del trabajo que ejecutan a diario sino en lo relacionado con el desarrollo cultural, social y humano.

c) Con la empresa: Aprovechamiento de las interrelaciones diarias con otras personas y áreas de la organización y fuera de ella, para realizar intercambios de experiencias y conocimientos, que permitan enriquecer colectivamente a la empresa.

***Tips* para ser jefe líder:**

- Aprópiese del aprendizaje en sus tres dimensiones: aprender, desaprender y reaprender y aplíquelo cotidianamente en su condición de jefe. Promueva entre los integrantes del equipo de trabajo esta misma actitud.
- Asista a los eventos de formación, capacitación y entrenamiento que sean necesarios para su desarrollo académico, técnico y profesional.
- Propicie el crecimiento del equipo de trabajo mediante procesos de aprendizaje permanentes.

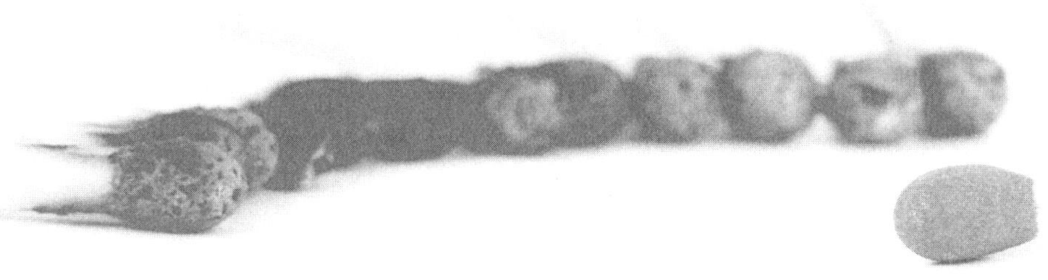

Capítulo 2

Competencias del jefe líder

"Sabiduría es saber qué hacer; virtud es hacerlo"
(David Starr Jordan)

La competencia se compone de un conjunto de conocimientos, habilidades, actitudes, aptitudes, destrezas y comportamientos que el jefe líder debe poseer y demostrar para que el equipo de trabajo alcance sus objetivos y metas dentro de un ambiente laboral positivo. El perfeccionamiento de las competencias debe ser constante en aras de un desempeño significativo para la organización, el equipo y el propio jefe.

Contar con jefes adecuados para conducir con éxito los equipos de trabajo se ha convertido en un reto muy grande para las organizaciones, ya que suele ser un error muy común dar por sentado que se cuenta con profesionales en el arte de dirigir, por el solo hecho de acreditar experiencia o títulos académicos, subestimando los procesos de selección o promoción rigurosos apoyados en competencias para verificar su idoneidad.

Infortunadamente, en el mundo de la jefatura, vemos que se escoge para las posiciones de mando a personas con marcadas deficiencias en las aptitudes y actitudes necesarias para conducir acertadamente los equipos de trabajo. En el ambiente empresarial se sabe que no basta ser "buena persona", "el duro" o "el experimentado", o peor aún, aparentar serlo, para desempeñar con éxito la responsabilidad de dirigir a otros. En situaciones más críticas, ni siquiera una de esas condiciones se tiene en cuenta para escoger a quien se nombra para el rol de jefe.

2.1 Perfil del jefe como persona

El jefe como ser humano posee la condición de singularidad, integralidad e indivisibilidad, único e irreproducible, que forma parte de un colectivo social -familia, empresa, equipo de trabajo y comunidad- donde se comparten elementos comunes y se actúa dentro de ciertas normas para facilitar la convivencia con las personas.

Esta persona, asume su rol dentro de la empresa bajo la forma de jefe, para dirigir el equipo de trabajo y alcanzar las metas y objetivos predeterminados, con una estructura humana propia conformada por las siguientes dimensiones:

a) Biológica: Comparte propiedades orgánicas con la especie animal, ya que nace, crece, se reproduce, muere y padece de dolores y enfermedades.

b) Afectiva: Posee sentimientos, necesita dar y recibir afecto, sentirse seguro, aceptado y reconocido.

c) Cognitiva: No sólo construir conocimiento y llegar a saber, sino poseer la seguridad de saber que sabe, de modificar, transmitir, desaprender, reaprender conocimientos, interpretar, concluir, desarrollar procesos mentales de diferentes niveles de complejidad.

d) Volitiva: Facultad de tomar decisiones, asumiendo el riesgo de acertar o errar en su esfera de acción y según el alcance de la autonomía que recibe.

e) Valorativa: Asumir compromisos, categorizando o priorizando, según sus criterios o principios. Esta facultad la ejerce de manera constante cuando evalúa los resultados de su gestión y del equipo de trabajo.

f) Ética: Potestad de comportarse de manera recta y pulcra, a partir de unos principios y valores que rigen su conducta frente a la empresa y cada una de sus dependencias, el equipo de trabajo y el cliente. También le permite reconocer aquello que es correcto, ya sea con base en criterios propios o lo que dictan las normas sociales.

g) Espiritual: Muestra de su trascendencia temporal y física, a manera de creencia en un ser superior, al cual se adhiere de diferentes maneras y para determinados fines y en momentos específicos.

h) Social: El jefe no es mundo centrado en sí mismo; está siempre en relación con otras personas (superiores, colegas, subordinados, clientes), bajo la condición de dependencia e interdependencia, ligándose a los demás y con el mundo dentro del cual se mueve. A veces, en la empresa, el único contacto social con significado son los integrantes de su equipo de trabajo y algunos colegas, a los que llega a convertir en su única familia.

i) Comunicativa: Es una función simbólica que se manifiesta a través de diferentes canales para relacionarse con las demás personas en diferentes sentidos y con determinados intereses.

j) Estética: Capacidad para interactuar desde su sensibilidad, permitiéndole apreciar la belleza, asimilarla y comunicarla en forma inteligible.

k) Histórica: Se visualiza como un conjunto de antecedentes que lo configuran en su realidad actual y la explican: académica, genética, social, filosófica, cultural, nutricional, sicológica, profesional, ambiental, familiar, de salud, económica. En la medida en que haga la trazabilidad histórica en forma separada por variable y en conjunta, mejor puede comprenderse a sí mismo y otros lo pueden comprender.

Este conjunto de dimensiones configura al jefe y explican mucho de sus comportamientos, el enfoque de su vida, su personalidad y carácter, el estilo de dirección, entre otros aspectos que lo tipifican como persona. Estas dimensiones actúan entre sí de manera estrecha y se influyen mutuamente.

***Tips* para ser jefe líder:**

- Como ser humano es único con una dinámica de dimensiones que le permiten desenvolverse en la vida en sus diferentes ambientes, en los cuales debe actuar de manera auténtica con su identidad propia.

2.2 Competencias esenciales

Las competencias son aquellas características subyacentes del jefe que están relacionadas con una correcta y diligente actuación en su posición de mando, fundamentadas en la motivación, los rasgos del carácter, el concepto de sí mismo, las actitudes, los valores y en una variedad de conocimientos o capacidades cognitivas y de comportamiento.

En ciertos jefes, ciertas habilidades son innatas y bastan algunos fortalecimientos cognitivos y prácticas para activarlas o reforzarlas. En otros, éstas deben desarrollarse mediante aprendizajes más profundos y continuos.

Las competencias que presentamos en este capítulo corresponden a las esenciales del jefe bajo una orientación de liderazgo, que permiten su autoevaluación para identificar aquellos aspectos en los que se detectan fortaleza y los que, por el contrario, presentan debilidad y deben ser objeto de perfeccionamiento. La confrontación con su realidad es sumamente útil para emprender un plan de mejoramiento encaminado a superar las debilidades y, poco a poco, aproximarse a lo que podría ser un perfil adecuado de competencias de un jefe líder.

El ejercicio que le recomendamos consiste en leer y comprender el sentido y alcance de cada competencia, para luego revisar las conductas a la misma, con el fin de determinar en cuál o cuáles de ellas tiene falencias mediante una reflexión objetiva y consciente; a partir de esta autoevaluación, puede encaminarse por acciones como:

- Ubicar ofertas de capacitación/entrenamiento sobre las conductas deficitarios.
- Emprender un trabajo de autoformación, en cuyo puede acudir a lecturas relacionadas con el tema que debe ser objeto de mejora, con material virtual o físico.

- Buscar apoyo de profesionales especializados para superar las deficiencias.
- Participar en los planes de formación de la empresa.

Dentro de la presente publicación, encontrará guías en los ítems de cada capítulo que orientan acciones de mejoramiento para su mejor desempeño como jefe, bajo la condición de líder.

Si usted es jefe por primera vez, conviene que efectúe el mismo ejercicio para determinar su estado inicial de posesión de competencias, es decir su bagaje inicial con el cual emprende su trasegar por el mundo de la jefatura, recordando que siempre hay oportunidad de mejorar. Como jefe líder, no puede detenerse en su desarrollo.

Las siguientes son las competencias esenciales para la jefatura caracterizada por el liderazgo, acompañadas del concepto y de las conductas que le son inherentes y la autoevaluación que indica en cuál o cuáles de ellas debe aplicar mejoramientos.

Cada competencia incluye:

- Descripción sucinta de la competencia.
- Conductas básicas observables de la competencia, que determinan en qué medida posee o domina la competencia.
- Autoevaluación, para que usted proceda a encontrarse con aquellas conductas en las que aprecie cumplimiento en el ejercicio de la jefatura y en las que puede tener déficit o definitivamente no la está cumpliendo, casos en los cuales resulta necesario que emprenda el plan de mejora.

Para alcanzar un buen nivel de ejercicio de las conductas, vale la pena que las repase de tiempo en tiempo, ya que con el trabajo diario pueden entrar en letargo, y todo sigue igual que antes respecto de la competencia. Una buena práctica consiste en ir ajustando sin prisa los comportamientos, competencia por competencia, sin pretender abarcarlas todas al mismo tiempo y corregir varias conductas en forma simultánea.

Para autoevaluarse en la aplicación de las competencias, puede proceder de la siguiente manera:

1) Lea cuidadosamente en qué consiste la competencia.

2) Lea cada conducta asociada que aparece en la columna 1 de la tabla y registre en la columna No. 2 la frecuencia de aplicación de cada conducta, según las siguientes convenciones:

- Alta (regularmente): A
- Media (ocasionalmente): M
- Baja (rara vez): B

3) Agotados estos pasos, definir las acciones de mejora a partir del día en que efectúa la autoevaluación, y llevarlas al plan de mejoramiento que aparece en el capítulo 10º.

Las competencias en cuestión son las siguientes:

- **Aprendizaje**

Adquisición y desarrollo de manera permanente de conocimientos, actitudes, destrezas y habilidades, con el fin de mantener los estándares de eficiencia, eficacia y efectividad del equipo de trabajo dentro de un ambiente de motivación, y alcanzar los objetivos de la empresa:

CONDUCTA ASOCIADA	FRECUENCIA
Aprendo de las experiencias positivas y negativas propias y de otras personas.	
Mantengo disposición permanente a compartir conocimientos, prácticas y experiencias con los integrantes del equipo de trabajo.	
Me apropio de nuevos conocimientos y tecnologías y las aplico correctamente en la organización, para enfrentar los desafíos que se presentan en el desarrollo del trabajo.	
Visualizo de manera oportuna y apropiada situaciones de aplicación exitosa de aquello recientemente aprendido.	

CONDUCTA ASOCIADA	FRECUENCIA
Investigo, indago y profundizo en los temas del entorno de la empresa y de mi esfera de acción.	
Actualizo mis conocimientos y fortalezco la capacidad para desechar aquellos que carecen de vigencia y readquirir aquellos que sean necesarios y aplicables.	

- **Autocontrol**

Mantener el equilibrio emocional, y así regular el comportamiento en diversas situaciones dentro de la organización:

CONDUCTA ASOCIADA	FRECUENCIA
Mantengo la estabilidad emocional cuando me encuentro bajo presión y en condiciones de estrés, cambiantes y adversas.	
Controlo mi trabajo, detecto desviaciones y efectúo correctivos en forma oportuna y efectiva.	
Ejecuto la labor respetando las normas, procedimientos, seguridad, oportunidad, calidad y cantidad requeridas.	
Tengo seguridad en mí mismo y la transmito a los demás.	
Sé decidir bajo presión.	
Estoy atento y evito reaccionar de manera impulsiva o negativa, a fin ¡de no afectar a mi equipo ni mi trabajo.	

- **Comunicación**

Establecimiento de comunicación efectiva y positiva a través de los diferentes canales para propiciar relacio*nes* productivas:

CONDUCTA ASOCIADA	FRECUENCIA
Fomento la comunicación clara, directa, franca y concreta.	
Manejo adecuadamente las barreras jerárquicas para interactuar.	
Comparto información relevante con mis colaboradores y con otras áreas de la organización.	
Escucho a los demás y valoro sus opiniones.	
Utilizo los canales de comunicación con claridad, responsabilidad y precisión.	
Redacto textos, informes y mensajes con claridad en la expresión para hacer efectiva y sencilla la comprensión.	

CONDUCTA ASOCIADA	FRECUENCIA
Mantengo escucha activa para comprender y mantener mejor la información recibida.	
Interactúo con otras personas de un modo efectivo y adecuado a través de los diferentes canales, con aplicación idónea de los protocolos.	

- **Convivencia**

Coexistencia pacífica y armoniosa dentro de la organización con una o varias personas, con las cuales se interactúa:

CONDUCTA	FRECUENCIA
Comprendo a los demás y soy paciente con aquellas personas con las que me cuesta relacionarme.	
Genero un clima positivo y de seguridad en los colaboradores.	
Conozco los límites en materia de comportamiento social.	
Creo ambientes armoniosos.	
Interactúo siempre con el más alto sentido de respeto a las personas.	
Manejo muy buenas relaciones con los compañeros de igual categoría, los subalternos y los superiores.	
Brindo cooperación permanente y facilito la gestión.	
Busco puntos en común y me intereso por resolver los problemas por el bien de todos	
Respeto y acepto las actitudes y comportamientos individuales y sociales, entendiendo la razón de las diferentes opiniones, aunque difiera de ellas.	

- **Creatividad e innovación**

Generación y desarrollo de nuevas ideas, conceptos, procedimientos, métodos y soluciones orientados a mantener la competitividad de la empresa y el uso eficiente de los recursos.

CONDUCTA ASOCIADA	FRECUENCIA
Encuentro y propongo formas nuevas, eficientes y eficaces de ejecutar los procesos.	
Adelanto estudios e investigaciones y los documento, para contribuir a la dinámica de la empresa y su competitividad.	

CONDUCTA ASOCIADA	FRECUENCIA
Sé dirigir el proceso creativo e innovador de las personas a mi cargo.	
Presento y acepto soluciones alternativas.	
Aprovecho las oportunidades y problemas para encontrar soluciones novedosas aplicables.	
Fomento acciones para superar los obstáculos y alcanzar los objetivos y metas.	

- **Delegación**

Asignación de la autoridad formal y la responsabilidad a los colaboradores para el cumplimento de actividades específicas:

CONDUCTA ASOCIADA	FRECUENCIA
Tengo confianza en el proceder de los demás.	
Facilito niveles de autonomía con el fin de estimular el desarrollo profesional de mis subalternos.	
Delego de manera efectiva sabiendo cuándo intervenir y cuándo no hacerlo.	
Controlo eficazmente el proceso de delegación.	
Cuento con un procedimiento claro para delegar.	
Delego tareas y decisiones importantes y de rutina.	
Utilizo la delegación para promover el crecimiento del personal a mi cargo.	

- **Ejercicio del mando**

Capacidad para organizar al equipo de trabajo, brindarle las pautas y lineamientos sobre cómo debe realizar sus tareas, logrando que sean comprendidas y acatadas:

CONDUCTA ASOCIADA	FRECUENCIA
Llevo las decisiones del papel a la práctica.	
Dirijo con acierto varias actividades al mismo tiempo.	
Superviso los procesos, el progreso y los resultados del trabajo.	
Tomo decisiones utilizando mi sentido común, mi experiencia, el procedimiento, mi buen juicio y mis conocimientos.	
Resuelvo los problemas antes de que se agraven o se tornen inmanejables.	

CONDUCTA ASOCIADA	FRECUENCIA
Actúo en forma oportuna, apropiada y con precisión.	
Ejerzo de manera idónea el mando cuando me encuentra bajo presión y en momentos difíciles.	
Utilizo la autoridad con arreglo a las normas, procedimientos y prácticas, promoviendo la efectividad en la consecución de los objetivos y metas organizacionales.	

- **Ética**

Presentar un comportamiento recto, probo e intachable frente a todos los equipos y personas con las que se interactúa:

CONDUCTA ASOCIADA	FRECUENCIA
Confío en los demás y soy digno de confianza.	
Me respeto a mí mismo y siento respeto por los demás.	
Asumo la responsabilidad de mis actos.	
Predico con el ejemplo.	
Utilizo los recursos de la empresa únicamente para el desarrollo de las labores y la prestación del servicio.	
Resuelvo con discreción las divergencias con las diferentes personas.	
Denuncio las faltas, delitos o violación de derechos de los que se tenga conocimiento en el ejercicio del cargo.	
Digo la verdad en forma directa y constructiva.	
Poseo alto sentido del deber.	
Otorgo el crédito a las ideas e iniciativas de los demás.	
Soy coherente entre lo que pienso, lo que digo y lo que hago.	
Aprecio en muy alto grado el respeto por la dignidad humana.	
Antepongo los intereses generales a los particulares.	
Rechazo el acoso laboral en cualquiera de sus formas.	
Evito la inducción a los superiores, colegas y colaboradores a la comisión de conductas incorrectas y acciones deshonestas de cualquier índole.	
Rijo la vida personal y laboral dentro de principios y valores a toda prueba.	

- **Manejo del cambio**

Enfrentarse con flexibilidad y versatilidad a situaciones nuevas y aceptar los cambios de manera positiva y constructiva:

CONDUCTA ASOCIADA	FRECUENCIA
Soy agente de cambio en los roles de facilitación, promoción, ejecución y evaluación.	
Identifico claramente cuando es necesario cambiar y así lo hago.	
Acepto y anticipo fácilmente los cambios.	
Realizo adaptaciones organizacionales a corto, mediano y largo plazo en respuesta a los cambios del entorno o a las necesidades de la empresa.	
Tengo una amplia visión del entorno que me permite anticiparme en la comprensión de los cambios.	
Me adapto con versatilidad, eficiencia y velocidad a distintos contextos, situaciones, medios y personas.	
Promuevo la adaptabilidad al cambio entre mis colaboradores, y les brindo orientación y acompañamiento para que, a su vez, la desarrollen en el equipo de trabajo.	
Respondo al cambio con flexibilidad.	
Sé llevar a feliz término los procesos de cambio.	

- **Manejo de la información**

Definición de la información requerida para su captura, desarrollo, análisis, seguridad, transmisión y uso para la ejecución de los diferentes procesos.

CONDUCTA ASOCIADA	FRECUENCIA
Dispongo de la información necesaria para el desarrollo de mi trabajo y del equipo que dirijo.	
Facilito el acceso a la información relacionada con mis responsabilidades y con el servicio a cargo de la organización en que laboro.	
Organizo y conservo de forma adecuada la información a mi cuidado, teniendo en cuenta las normas legales y de la organización.	
No hago pública información que pueda afectar a la organización o a quienes la integran.	
Discierno con claridad qué se puede hacer público y qué no.	
Facilito el acceso a la información completa, veraz, oportuna, basada en hechos y comprensible a través de los medios establecidos.	
Transmito la información de manera oportuna, veraz y objetiva.	

- **Motivación**

Canalizar los esfuerzos, la energía y el comportamiento hacia el logro de los objetivos personales, del equipo y de la organización, de manera eficiente, eficaz y efectiva:

CONDUCTA ASOCIADA	FRECUENCIA
Cuento con un plan de incentivos y de crecimiento personal para mis colaboradores.	
Invierto en el desarrollo del potencial de mis subalternos, identificando y ofreciendo nuevos desafíos y responsabilidad compartida.	
Logro que mis colaboradores se sientan parte de un equipo de alto desempeño.	
Promuevo el ambiente laboral positivo para que las personas se sientan a gusto en el grupo de trabajo y en la organización.	
Mantengo relaciones de respeto con mi equipo y demás personas.	
Genero un clima positivo y de seguridad en sus colaboradores.	
Brindo igualdad de oportunidades y trato con equidad a todo el personal.	
Identifico necesidades de formación y capacitación y genero acciones para satisfacerlas.	
Conozco las competencias de mis colaboradores y los oriento hacia el logro de los objetivos misionales.	
Logro que los demás realicen el trabajo de la mejor manera posible.	
Impulso a las personas a asumir retos.	

- **Negociación**

Lograr que las partes interesadas resuelvan conflictos y diferencias, acuerden líneas de conducta, busquen ventajas individuales y/o colectivas, y procuren obtener resultados que sirvan a sus intereses mutuos:

CONDUCTA ASOCIADA	FRECUENCIA
Obtengo de manera rápida la confianza de los participantes en la negociación.	

CONDUCTA ASOCIADA	FRECUENCIA
Logro concesiones sin afectar las relaciones laborales o personales.	
Tengo un adecuado conocimiento de la situación de la contraparte, analizando sus fortalezas y debilidades y me preocupa por investigar y obtener la mayor cantidad de información posible, tanto al nivel de la situación como de las personas involucradas en la negociación.	
Logro ponerme en el lugar del otro y anticipar sus necesidades e intereses ante una negociación.	
Me baso en criterios relacionados con la situación objetiva, independientemente de mis propios juicios.	
Realizo una preparación cuidadosa de la negociación, generando una variedad de abordajes posibles que me permitan prever las alternativas y tener un mejor desempeño en la misma.	
Me concentra en los intereses de las partes y no en mis posiciones personales.	

- **Orientación a resultados**

Ejecución de las funciones y cumplimiento de los compromisos de la empresa a través del equipo de trabajo con eficacia, eficiencia, efectividad, calidad y oportunidad:

CONDUCTA ASOCIADA	FRECUENCIA
Adopto medidas adecuadas para minimizar y eliminar riesgos.	
Asumo la responsabilidad por los resultados propios y del equipo.	
Fijo para mí y para los otros los parámetros que permitan alcanzar y superar los estándares de desempeño y plazos establecidos.	
Trabajo con base en objetivos claramente establecidos y realistas.	
Diseño y utilizo indicadores para medir y comprobar los resultados obtenidos.	
Evalúo de manera sistemática el grado de consecución de los objetivos.	
Aporto elementos para la consecución de resultados enmarcando los productos y servicios dentro de las normas que rigen a la empresa.	
Gestiono recursos para mejorar la productividad y toma medidas necesarias para minimizar los riesgos.	

CONDUCTA ASOCIADA	FRECUENCIA
Cumplo con oportunidad las funciones de acuerdo con los estándares, objetivos y tiempos establecidos por la organización.	
Fijo estrategias y metas para alcanzar los resultados esperados.	

- **Organización del trabajo**

Aplicación de metodologías y prácticas que permitan adelantar el trabajo cotidiano de manera planificada y sistemática, con el fin de lograr los objetivos y las metas del equipo de trabajo, dentro del marco de calidad y productividad definidas en la organización:

CONDUCTA ASOCIADA	FRECUENCIA
Adelanto mi trabajo de manera programada, sistemática y metódica.	
Utilizo correctamente herramientas e instrumentos de planificación, como cronogramas, archivos, gráficas, para organizar mi trabajo y hacer el respectivo monitoreo.	
Sé distinguir las actividades urgentes de las importantes y procedo en consecuencia.	
Me enfoco sobre las áreas y procesos clave, donde una ejecución sobresaliente puede producir excelentes resultados.	
Distribuyo adecuadamente las tareas y los recursos humanos y técnicos.	
Establezco prioridades y plazos para el cumplimiento de los objetivos.	
Mantengo el puesto de trabajo ordenado y limpio.	
Me obligo a mí mismo a establecer prioridades y a respetar el orden de ejecución de las decisiones.	
Sigo los procedimientos de trabajo definidos.	.

- **Planeación**

Determinación eficaz de las metas y prioridades organizacionales, identificando los planes, programas y proyectos, acciones, responsables, plazos y recursos requeridos para alcanzarlas:

CONDUCTA ASOCIADA	FRECUENCIA
Manejo esquemas apropiados de planeación para el logro de los resultados.	
Planifico mis acciones teniendo en cuenta la repercusión de estas para la consecución de los objetivos del equipo y de la empresa.	
Establezco objetivos claros y concisos, estructurados y coherentes con las metas organizacionales.	
Adopto alternativas si el contexto presenta obstrucciones a la ejecución de la planeación anual, involucrando a las partes interesadas.	
Comunico de manera asertiva y clara los objetivos y las metas, logrando la motivación y el compromiso del equipo de trabajo.	
Articulo los objetivos, los recursos y las metas de forma tal que los resultados generen valor para la organización y los clientes.	
Determino adecuadamente los riesgos de los planes, proyectos y procesos.	
Traduzco los objetivos estratégicos en planes prácticos y factibles.	
Presento de manera organizada las tareas y los proyectos a ejecutar de una manera planificada y organizada.	
Anticipo situaciones y escenarios futuros con acierto.	

- **Profesionalidad**

Aplicación del conocimiento y la experiencia profesional en el análisis y solución de problemas y en el logro de los objetivos y metas de la organización:

CONDUCTA ASOCIADA	FRECUENCIA
Analizo de modo sistemático y racional los diferentes aspectos del trabajo, basándome en la información relevante.	
Articulo estrategias, objetivos y metas para alcanzar los mejores resultados.	
Sorteo las adversidades con decisión.	
Poseo los conocimientos técnicos, administrativos y prácticos que se necesitan para realizar el trabajo con altos niveles de calidad y productividad.	
Soy consciente de mis capacidades, fortalezas y limitaciones.	
Comprometo recursos y tiempo para mejorar la productividad tomando las medidas necesarias para minimizar los riesgos.	

CONDUCTA ASOCIADA	FRECUENCIA
Realizo las acciones indispensables para alcanzar los objetivos propuestos, enfrentando los obstáculos que se presentan.	
Asumo mi progreso personal, humano y profesional como constantes que guían mi vida.	
Conozco y aplico las mejores prácticas en mi área de gestión.	
Dirijo acertadamente las acciones a la satisfacción de las necesidades de los clientes internos y externos.	
Logro los resultados de manera eficiente y eficaz.	
Identifico y reconozco con facilidad las causas de los problemas y sus posibles soluciones.	

- **Solución de conflictos**

Capacidad para comprender y analizar las causas de los conflictos en el trabajo, encontrando la solución a los mismos de manera constructiva y efectiva:

CONDUCTA ASOCIADA	FRECUENCIA
Logro que las personas aprendan de las situaciones conflictivas.	
Evito que los problemas tomen proporciones riesgosas e inmanejables.	
Aplico soluciones de conflictos anteriores para situaciones similares.	
Dedico el tiempo adecuado al estudio y solución de los conflictos.	
Determino con claridad cuándo intervenir de manera preventiva o correctiva en circunstancias problemáticas.	
Demuestro capacidad para apoyar la solución de relaciones conflictivas.	
Empleo mi autoridad para poner fin a un conflicto o acudo a la mediación de un tercero, según el caso específico.	
Me concentro en hacer que los actores del conflicto entiendan el punto de vista del otro y reconozcan su validez recíproca.	
Evalúo las causas del conflicto de manera objetiva para tomar decisiones.	
Aporto opiniones, ideas o sugerencias para solucionar los conflictos en el equipo.	

- **Toma de decisiones**

Elección de la alternativa que permita solucionar los problemas y ejecutar las acciones correspondientes a la selección realizada.

CONDUCTA ASOCIADA	FRECUENCIA
Comparto la responsabilidad de tomar decisiones y escucho los puntos de vista de mis colaboradores.	
Demuestro imparcialidad en las decisiones.	
Decido y establezco prioridades para el trabajo del equipo que dirijo.	
Explico las razones de las decisiones.	
Cuento con un método y un procedimiento concreto para tomar las decisiones y hacerles monitoreo.	
Analizo cuidadosamente los impactos de las decisiones.	
Asumo las consecuencias de las decisiones adoptadas.	
Empleo la lógica, los procedimientos y los métodos apropiados para resolver de manera efectiva los problemas.	

- **Trabajo en equipo**

Dirección del equipo de trabajo, articulando las potencialidades y necesidades individuales con las de la organización para optimizar la calidad de las contribuciones de las personas, en el cumplimiento de los objetivos y metas de la empresa:

CONDUCTA ASOCIADA	FRECUENCIA
Canalizo los esfuerzos hacia los resultados, contando con la participación voluntaria y decidida de sus colaboradores.	
Superviso el proceso, el progreso y los logros del trabajo.	
Respeto criterios dispares y distintas opiniones del equipo.	
Colaboro con otros jefes de para la realización de sus actividades y el cumplimiento de sus metas.	
Establezco diálogo directo con los miembros del equipo con el fin de compartir información e ideas en condiciones de respeto y cordialidad.	
Pongo en práctica las ideas creativas del equipo.	
Constituyo y mantengo el equipo de trabajo con un desempeño conforme a los estándares establecidos.	

CONDUCTA ASOCIADA	FRECUENCIA
Identifico claramente los objetivos del equipo y orienta su labor a la consecución de éstos.	
Distribuyo equitativamente las cargas de trabajo.	
Sé manejar el proceso creativo del equipo de trabajo.	
Me preocupo por asegurar que los integrantes del equipo compartan planes, programas y proyectos de la empresa	
Garantizo que el equipo tenga la información necesaria para proceder en el momento de tomar decisiones.	
Estoy altamente comprometido con el equipo.	

- **Uso del tiempo**

Utilización del tiempo de manera eficiente en el desempeño propio y del personal a cargo:

CONDUCTA ASOCIADA	FRECUENCIA
Distribuyo el tiempo de trabajo buscando su mejor aprovechamiento.	
Ocupo el tiempo y el de los demás en lo que realmente es importante y productivo.	
Establezco prioridades ordenadas de ejecución del trabajo.	
Aplico la tecnología apropiada para optimizar el uso del tiempo.	
Manejo la agenda de trabajo con disciplina.	
Empleo métodos y procedimientos para el uso productivo del tiempo.	
Actúo de manera racional en el manejo de lo que es urgente e importante.	
Evalúo periódicamente el uso del tiempo para encontrar formas de aprovecharlo mejor.	

- **Pensamiento sistémico**

Comprender y afrontar la realidad y sus conexiones para abordar el funcionamiento integral y articulado del equipo de trabajo e incidir en los resultados esperados:

CONDUCTA ASOCIADA	FRECUENCIA
Comprendo la complejidad e interacción de los procesos al interior de la organización y sus conexiones con el entorno.	

CONDUCTA ASOCIADA	FRECUENCIA
Descubro patrones de comportamiento de los sistemas.	
Identifico y aplico métodos eficaces y mejores estrategias para hacerle frente a los problemas.	
Integro el pensamiento creativo, el estratégico y el de control para lograr que los planes, programas y proyectos se lleven a cabo.	
Identifico la dinámica de los sistemas en los que se veo inmerso y sus conexiones para afrontar los diferentes retos.	
Participo de manera activa en el equipo, considerando su complejidad e interdependencia para impactar en los resultados esperados.	

Estas competencias de orden general permiten ver que ser jefe, sea de alto nivel, medio o de base, con pocas o muchas personas a cargo, es una gran responsabilidad que no se debe asumir a la ligera, debido a las implicaciones que conlleva dirigir un equipo.

La presentación de estas habilidades y destrezas le provee a usted una guía de autoevaluación y a quienes están próximos a ser jefes, para que implementen un programa de mejoramiento continuo que lleve a superar las falencias y el cambio de ciertas actitudes.

Un trabajo organizado y planificado de superación personal lo llevaría al desarrollo de cualidades o el fortalecimiento de aquellas que posee, como parte de un proyecto de vida para alcanzar un mejor nivel de competencias y así obtener la satisfacción personal de ser mejor jefe con enfoque de liderazgo, siendo consciente que no es fácil aprender a ser un jefe excepcional, pero hay que intentarlo.

Una buena manera de mejorar en su desempeño es la autorreflexión y la reevaluación constantes, cultivando el sentido de autoconciencia crítica para seguir creciendo como jefe líder, ya que rara vez se encontrarán personas dispuestas y de buena fe que le hagan notar las falencias.

Competencias asociadas:

Aprendizaje, autocontrol, manejo del cambio, motivación, pensamiento sistémico, toma de decisiones, orientación a resultados, profesionalidad, comunicación.

***Tips* para ser jefe líder:**

- Estudie de manera sistemática las conductas asociadas a cada competencia y determine en cuáles registra alguna omisión o falencia para aplicar los mejoramientos, pudiendo para ello dirigirse al capítulo 10º.

- Tenga en cuenta que las competencias expuestas son de orden general para el liderazgo en la posición de jefe; cada empresa define de manera particular las competencias de cada cargo y deben ser tenidas en cuenta en el ejercicio de los cargos respectivos.

Capítulo 3

La vida por delante

"Cualquier cosa que te ayude a sentirte mejor,
siempre atraerá más de lo mismo"
(John Gray)

El jefe líder distingue con claridad lo que significa su bienestar y de quienes le rodean; por eso, cuida su vida en todo momento y no cae en estados de salud física, emocional y mental negativos que pueden ser deplorables con el paso del tiempo.

Buenos hábitos de salud, asistencia oportuna a los profesionales de la salud, ejercicio físico, negación total a las adicciones, forman parte de su arsenal personal para una excelente calidad de vida y un gran desempeño

Un buen número de jefes manejan la idea de que el trabajo debe acaparar su tiempo y aspectos vitales como la salud, el bienestar y la vida social, mejor dicho, su vida. Hacen caso omiso de las señales que manda el cuerpo dando a conocer que algo le está pasando a su organismo y a su mente, de las atracciones de las adicciones que lo atrapan sin darse cuenta o se dejan llevar por ellas para tener la sensación de bienestar. Con el paso del tiempo, las cosas se complican y de pronto ya sea tarde para sanar o cuidar una enfermedad.

Para que el jefe sea saludable, tiene primero que aprender a liderar su vida; saber decir NO a las cosas que lo pueden afectar o destruir.

3.1 ¿Trabajar para vivir o vivir para trabajar?

Este parece ser el dilema que muchos jefes resolvieron de manera muy particular, inclinándose claramente por la segunda opción. Es tan elevada la obsesión por estar ocupados en asuntos de la empresa, que hasta le han perdido el sentido a la vida, invirtiendo el orden natural de las cosas, ya que enfatizan la dedicación a las actividades laborales, llegando a tener comportamientos como los siguientes:

- Impartir instrucciones desde el celular o el vehículo en movimiento.
- Revisar documentos mientras desayunan o almuerzan.
- Extender las reuniones mucho más allá del horario normal o realizarlas en el tiempo en que se debe desayunar o almorzar solamente.
- Trabajar en horario nocturno en la oficina o en el hogar con mucha frecuencia, a veces hasta altas horas de la noche.
- Digitar textos o chatear mientras ven televisión o hablan con la familia.
- Vivir conectados con el trabajo en las vacaciones o en las incapacidades médicas, días festivos.

- Atender el celular cuando asiste a eventos religiosos, al cine o a espectáculos.
- Todo lo que tiene alto valor se abandona de manera sistemática por el trabajo, como: la familia, el descanso, la recreación, la espiritualidad, el crecimiento personal, las relaciones sociales.

Las justificaciones están a la orden del día, como las siguientes:

- Acceder a mejores condiciones de vida (tener *versus* ser).
- Ser competitivos aun a costa de la propia vida y de la familia.
- Escalar en la jerarquía de la empresa.
- Atender gastos e inversiones a veces suntuosos o innecesarios.
- Afrontar las nuevas condiciones del mundo empresarial derivadas de situaciones emergentes, las cuales imponen ritmos diferentes de desempeño y productividad en el ámbito organizacional y por ende en cada equipo de trabajo.
- Ser reconocidos por el personal de la empresa y en el entorno social y familiar, es decir, afán de lucimiento.

Estas explicaciones no son convincentes, excepto para los mismos jefes que así piensan y proceden.

Pero ¿qué hay detrás de todo esto? De hecho, esta realidad tiene sus orígenes, como puede verse a continuación:

- Pérdida de valores (vida, familia, salud, solidaridad, vínculos sociales).
- Deficiencias notorias en la planeación y organización del trabajo.
- Enmascaramiento de situaciones problemáticas familiares o personales con el trabajo.
- Proyecto de vida centrado en el desempeño y crecimiento laboral.
- Fallas en la formación técnica y académica.
- Desconsideración y falta de respeto con los subalternos al inducirlos a trabajar más de la cuenta o como ellos.
- Improvisación y caos en el trabajo.

- Carencia de autoestima al dejarse imponer cargas laborales por encima de lo normal.
- Fallas en la formación y entrenamiento como jefe.
- Fuerte dosis de narcisismo.
- Dificultades de liderazgo.

Algunos jefes llegan a descuidos extremos de ciertos aspectos personales y de salud, de manera cotidiana, que, si bien en apariencia pueden ser intrascendentes o comunes, a mediano o largo plazo pueden generar efectos catastróficos e irreversibles en las esferas personal, de salud, social y familiar, y claro está en el cumplimiento de los roles y responsabilidades propias de los jefes al interior de la empresa.

Competencias asociadas:

Aprendizaje, autocontrol, convivencia, integridad, motivación, planeación, profesionalidad, uso del tiempo, delegación, integridad.

***Tips* para ser jefe líder:**

- Ponga las cosas en su sitio y proceda según lo que considere: Vivir para trabajar o trabajar para vivir. Esta dicotomía debe ser resuelta en uno u otro sentido, resultando obvio la segunda opción.

- Si su decisión es por la primera opción, identifique a conciencia aquello que le llevó a seleccionarla y de una emprenda el plan de acción para descartar de plano todo lo que la propicia.

- Si se inclina por la segunda, no baje la guardia para mantenerse en una condición positiva en el trabajo, ya que valora el significado para la empresa, su equipo, su familia y usted mismo.

3.2 Los signos y señales corporales

Con frecuencia los jefes experimentan síntomas en sus cuerpos a los que no les prestan atención porque piensan que son triviales, gozan de inmunidad a dichas manifestaciones o porque creen que pueden manejarlos por su cuenta. "A todos nos pasa", "qué tiene de malo", "de esto no se muere nadie", "un achaque de vez en cuando es natural", son expresiones con las que se evade la realidad de algunas cosas que está evidenciando el cuerpo humano y que, de no atenderse de manera apropiada y oportuna, pueden desembocar en complicaciones serias y poner en riesgo la propia vida.

También ocurre que olvidan hacerle seguimiento a estos síntomas o señales porque ya los han tenido antes y, aparentemente, han pasado sin ninguna consecuencia tanto en ellos como en otras personas.

Otro de los errores es la automedicación como recurso para el manejo de algunos síntomas, porque muchos jefes consideran que en eso consiste el autocuidado, lo cual es improcedente y potencialmente peligroso.

Velar por la salud consiste no sólo en adoptar hábitos de vida saludables, como la práctica regular de ejercicio, una dieta balanceada y manejo del estrés; también implica conocer el cuerpo y estar atento a los signos y señales que indican que algo no marcha o funciona como debiera y efectuar controles médicos preventivos.

La siguiente es una selección de los síntomas corporales negativos que con más frecuencia se presentan en los jefes (como personas de carne y hueso que son), quienes, en oportunidades, siempre buscan minimizarlos a través de justificaciones poco creíbles y hasta ridículas. A veces, se juntan varios síntomas y aun así algunos jefes los ignoran:

a) **Acidez estomacal:** Hinchazón del estómago, ardor, náuseas, llenura, reflujo, gases... Los jefes conocen bien algunos de estos transtornos digestivos que provocan malestares y hasta cáncer.

b) **Dolor de cabeza:** Este síntoma se presenta por causas como: problemas musculares, alteraciones en los órganos de los sentidos, compromisos de los vasos sanguíneos, desarreglos hormonales, infecciones, procesos alérgicos, tumores. La dolencia más frecuente en los jefes es la cefalea de tipo tensional que, en ocasiones, es difícil de tratar y de erradicar por completo.

c) **Mareos:** Sensación desagradable acompañada de pérdida del equilibrio o se está a punto de desmayarse, que afecta a ciertos jefes al realizar acciones como giros e inclinaciones bruscos, disminución repentina de la presión arterial, levantamientos de la silla o de la cama de manera brusca. Es necesario distinguir entre el mareo y el vértigo, siendo este último una sensación de movilidad de los ambientes que circundan a la persona o una sensación de inestabilidad o desequilibrio en los pies.

d) **Fatiga**: Es un estado derivado de una carga de trabajo excesiva, junto al sedentarismo postural, además de exigencias como: actividades mentales de rápida comprensión o alta complejidad, solución de problemas urgentes, demanda de atención a situaciones críticas o difíciles o uso intensivo de la memoria, que disminuye la capacidad y efectividad de respuesta. La fatiga afecta al organismo en el estado físico y psíquico y en grado diverso.

e) **Fiebre:** Esta sensación es una respuesta o alerta del organismo y puede deberse a infecciones producidas por algunos microorganismos ante la presencia de enfermedades respiratorias, digestivas, reumáticas, cáncer o virosis, entre otros.

f) **Enfermedades:** El jefe, como ser humano, presenta afecciones de salud y puede ser atacado por diversas enfermedades que deben ser atendidas con la aparición de los primeros síntomas, antes de que se tornen severas, insufribles o resulten mortales. Así, pueden surgirle una o varias enfermedades como: inflamación del colon, problemas cardiovasculares, osteoporosis, colesterol y triglicéridos fuera de lo normal, que pueden volverse complejas, de difícil manejo y ser mortales.

g) **Depresión:** Es un trastorno mental que arrastra a un vacío oscuro y desalentador, que a veces desemboca trágicamente en el suicidio. En este caso, el jefe muestra síntomas como tristeza profunda, sentimiento de poco valor, disminución de la energía, tristeza patológica, pérdida de interés o de capacidad de obtener placer, irritabilidad, apatía, y de desesperanza, dificultad para concentrarse, variación en el apetito, aumento o disminución del sueño, disminución del deseo sexual, ideas de muerte o ganas de suicidarse.

h) **Ansiedad:** Es una respuesta del organismo ante situaciones límites, que se caracteriza por una sensación de angustia, nudo en el estómago, preocupación, intranquilidad, temor a que algo malo va a pasar, agitación o miedo, y la aparición de aceleración del ritmo cardíaco y la respiración, sudoración.

i) **Desmotivación laboral:** Consiste en el quebrantamiento del comportamiento que produce la sensación de disgusto consigo mismo que frena la acción frente al trabajo, los proyectos y la misma vida, pudendo causar problemas emocionales.

j) **Estrés:** Se considera el compañero inseparable de los jefes, que se evidencia en factores de riesgo como: Trastornos del sueño, problemas gastrointestinales y musculares, enfermedades cardiovasculares, conflictos interpersonales, ansiedad, irritabilidad, deudas, enemistades, temores, escasas oportunidades de conseguir un ascenso, depresión, nerviosismo, agotamiento, ausentismo, bajo desempeño.

k) **Dificultad para conciliar el sueño:** Para algunos jefes, este síntoma representa un verdadero problema, con consecuencias fuertes en el estado de ánimo, la productividad, el desempeño, la salud en general, que se manifiesta de dos maneras: como una dificultad para iniciar el sueño o para permanecer dormidos en diferentes momentos de la noche. Dichos trastornos pueden originarse en problemas emocionales, en cambios hormonales, en enfermedades sistémicas y en daños neurológicos, entre otros, sin descartar la problemática propia del desempeño del rol de jefe.

Competencias asociadas:

Aprendizaje, autocontrol, motivación.

***Tips* para ser jefe líder:**

- A partir de que reconozca de que presenta una o varias de las señales descritas, acudir a los profesionales especializados que profundizarán y concretarán el diagnóstico real y prescribirán el tratamiento correspondiente al estado de avance del problema de salud.

- Absténgase de subestimar la señal bajo razones como "eso no es grave", "con el tiempo pasará", "yo me curo solo", etc., lo cual resulta improcedente.

3.3 Adicciones y malos hábitos que afectan la salud y el bienestar de los jefes

Ciertas conductas cotidianas del jefe pueden dar al traste con su desempeño, su sociabilidad y vida familiar. Son situaciones comunes que en ocasiones se desestiman o no se han identificado como agentes nocivos que puedan causar rechazo social, familiar o laboral y generar problemas de salud. Algunos de estos hábitos las describimos de manera sucinta a continuación.

3.3.1 ADICCIONES

¿Ha pensado que puede ser atrapado por diversas adicciones, algunas de las cuales le resultará difícil escapar?; de ello, se deriva la importancia de que las identifique, estudie sus causas y genere las acciones que lo lleven a mitigarlas y por qué no a eliminarlas, que sería lo ideal.

La lista es extensa, pero trataremos las más comunes, sin desconocer otras como la del juego, la pornografía, las compras, las colecciones, el sexo, el deporte, que deben ser evaluadas y tratadas por los profesionales de la salud, ya que derivan en consecuencias nefastas e irreversibles:

a) **Laboral:** En la actualidad es muy común que los jefes se vean sometidos a largas jornadas de trabajo para cumplir con éxito todas sus funciones ejecutivas y profesionales. Esto se complementa con el hecho de que a muchos les atrae estar ocupados, como mencionamos al inicio de este capítulo, con las consabidas disculpas. Los jefes que basan su vida en este modelo se conocen como adictos al trabajo y son fácilmente identificables, no sólo por la cantidad de horas que pasan en las oficinas o la ocupación en temas laborales fuera de ella, sino también porque tienden a ser confusos, acelerados y fácilmente irritables.

b) **Cigarrillo:** El tabaco es adictivo debido principalmente a su componente activo, la nicotina, que actúa sobre el sistema nervioso central. Un buen número de jefes son adictos al cigarrillo, bien porque lo emplean como evasivo de la realidad, "reductor de tensiones y de la ansiedad", distractor o por razones sociales, sin considerar las graves implicaciones en la salud.

c) **Licor:** Un compañero que resulta inseparable en ciertos jefes es el licor, con explicaciones que derivan de razones sociales, cansancio, exceso de trabajo, problemas laborales o familiares; en fin, siempre hay una justificación, con el agravante de que a veces se consume en el mismo lugar de trabajo, de manera subrepticia o en presencia de otras personas.

d) **Drogas sicoactivas:** Una situación muy gravosa para el jefe es el consumo de drogas sicoactivas debido en las que ve la oportunidad de evadir la realidad que le presentan el cargo, los problemas personales o familiares, las enfermedades u otros hechos. Dentro de estas drogas se encuentran: la marihuana, la cocaína, la heroína, el éxtasis, entre otras.

e) **Nuevas tecnologías:** Se refiere al uso compulsivo y sin autonomía de las nuevas tecnologías que desbordan el ambiente actual, como, internet, móvil, videojuegos y redes sociales, afectando la vida del jefe y aun los seres más cercanos y la gestión con el equipo de trabajo.

Competencias asociadas:

Aprendizaje, autocontrol, motivación, integridad

***Tips* para ser jefe líder:**

- Como persona adulta, usted sabe que toda adicción empieza por una "primera vez", convirtiéndose con el tiempo en un hábito del que difícilmente puede deshacerse, pudiendo llevarlo a situaciones penosas en lo laboral, social y familiar y hasta la muerte. Muy pocos salen del hueco de las adicciones.
- No le abra espacio a ninguna adicción y si se encuentra atrapado por cualquiera de ellas, no dude en acudir a personal especializado para iniciar el proceso de desintoxicación, antes de que sea demasiado tarde.
- Tenga presente que ser héroe del trabajo solo le puede traer dificultades.

3.3.2 Algunos hábitos perjudiciales

a) **Falta de higiene**: El término higiene designa al conjunto de conocimientos y técnicas que se ocupan de controlar aquellos factores nocivos para la salud de los jefes, tanto en lo físico como en lo mental.

b) **Problemas de concentración:** Las causas que los pueden originar son múltiples, como. una problemática personal o sentimental, enfermedades, problemas pendientes de solución en lo laboral y personal, exceso de responsabilidades, clima organizacional y laboral negativos, apuros económicos, fallas en las relaciones interpersonales, dificultades en el trabajo y con el equipo.

c) **Sedentarismo:** Se trata de uno de los flagelos modernos que provocan una situación crítica en la vida de los jefes (carencia de actividad física adecuada o de ejercicio programado); al desarrollar un trabajo con apego al escritorio, exponiendo su salud.

d) **Consumo elevado de azúcar:** Es bien sabido que las bebidas, refrescos azucarados y otros productos son grandes enemigos de la salud, debido a su relación con el sobrepeso y la obesidad, con sus secuelas y consecuencias.

e) **Dieta poco conveniente:** Los jefes se exponen al consumo de diferentes dietas, algunas de las cuales son contraproducentes para su salud, con incidencia en el desempeño, estado de ánimo, generación de enfermedades, incapacidades.

f) **Uso de las redes sociales de manera excesiva**: Las redes son una parte fundamental de la vida moderna de los jefes, como: Instagram, Linkedin, Facebook, WhatsApp; pasar demasiado tiempo en estos sitios podría ocasionar problemas emocionales y físicos, además de los sociales, laborales y familiares.

Conductas asociadas

Aprendizaje, autocontrol, motivación, integridad.

***Tips* para ser jefe líder:**

- Algunos hábitos personales le pueden causar diferentes tipos de problemas; identifíquelos y empiece la tarea de erradicarlos de su vida, o por lo menos llevarlos a una mínima expresión y frecuencia.

3.4 Cómo el jefe puede vivir mejor

Tal como se indicó al comienzo de este capítulo, puede considerar algunas sugerencias de naturaleza común que mejorarán su estado de salud y de bienestar:

- Cuide el sueño, ya que la mala higiene de éste interfiere en sus actividades provocando no sólo somnolencia sino también síntomas de fatiga mental (problemas de concentración, irritabilidad, inestabilidad emocional, etc.).
- El ejercicio físico de intensidad moderada y practicado con regularidad suele estar indicado cuando sus exigencias laborales son sedentarias.
- El mal hábito siempre tiene una primera tentación de consumo. Si evita esa primera oportunidad, nunca pasará nada.
- Consulte al médico ante los primeros síntomas, manteniendo el hábito del chequeo preventivo, sin esperar hasta que experimente una dolencia seria, cuando puede resultar demasiado tarde. Evite la automedicación.
- Tenga en cuenta que primero es la salud y después el trabajo.
- Aprópiese de una vida significativa y gratificante.
- Elabore una filosofía de vida orientada al crecimiento, a reafirmar su identidad y a perseverar en el ser.
- Medite y respire profundamente y de manera consciente con alguna frecuencia cada día.
- Cultive el sentido del humor y ríase de sí mismo, le hace mucho bien.
- Evite el consumo del cigarrillo, el licor y las drogas sicoactivas, así como las demás adicciones, que con apariencia de positivas a la postre resultan muy nocivas.
- Cuide el peso corporal.
- Aplique terapias y técnicas de relajación conocidas y efectivas.
- Cultive el arte y la apreciación artística, le ayudan a una mejor calidad de vida, sobre todo en el ámbito espiritual.
- Baje la frecuencia de contacto con personas tóxicas.
- Use medicamentos según la prescripción médica.

- Haga un adecuado manejo de la soledad, convirtiéndola en una aliada para su vida feliz.
- Mantenga el cerebro saludable, probando cosas nuevas para estimular el desarrollo de nuevas sinapsis o conexiones neuronales. Existen algunos ejercicios básicos que puede considerar para mantener la agudeza y la salud mental a medida que pasan los años.
- Disfrute las cosas sencillas, como los atardeceres y los amaneceres, la lluvia, las obras de arte, las canciones, la música, los árboles, la poesía, las flores, el sol.
- Mantenga una actitud positiva frente a la vida, la familia, la sociedad, la empresa y el equipo de trabajo, las actividades que desarrolla.
- Cultive los valores superiores del espíritu.
- La práctica de un arte distensiona y hace la vida más llevadera, por ejemplo: música, pintura, escultura, fotografía. Son grandes aliados para su bienestar personal.
- Mantenga una vida social positiva y activa.
- Fortalezca la convivencia familiar.
- Absténgase de atender trabajo en el hogar, en los sitios donde se está de descansando o vacaciones, licencias, incapacidades, domingos y días festivos.
- Evite el exceso de trabajo en la empresa.

Por ello, necesita crear un entendimiento claro de las cosas que requieren cambios en su vida laboral y social, especialmente en la familia. Esto requiere un constante autoexamen de experiencias, comportamientos, pensamientos, rasgos, intenciones y emociones en cuanto aquello que:

a) **Es conocido por usted y por los demás:** Información en la que coinciden los demás y usted sobre sí mismo. Usualmente es lo que deja ver a los demás, es decir, lo que comparte de manera abierta e intencional: experiencias, emociones, pensamientos, hobbies, adicciones, conocimientos, etc.

b) **Lo que conoce usted, pero no por los demás**: Es lo que usted conoce de lo que hace, piensa, siente y lo define, pero no muestra a los demás o lo hace con mucha dificultad, como es el caso del ciclismo, donde sabe que es un corredor aficionado, pero nadie o muy pocas personas saben de su gusto por este deporte.

c) **Desconoce de sí mismo, pero sí conocen los otros**. Algunas cosas suyas son conocidas por otras personas como el superior, los colegas y subordinados, pero usted no sabe de ellas; son situaciones de las que pueden sacar provecho otros, en detrimento suyo; un ejemplo de esta situación es aquella en que los subalternos conocen que es controlador en exceso, pero usted no se ha dado cuenta de este comportamiento.

d) **Desconoce de sí mismo y también desconoce del resto de las personas:** Puede incluir capacidades o habilidades ocultas, crisis o situaciones de riesgo, enfermedades, hábitos, etc.

A partir de este conocimiento, hay que decidirse por un plan de mejoramiento, aunque a veces pueda percibir que se le fue el tiempo para los cambios. Siempre habrá al menos una persona que le agradecerá las mejoras que adelante por sí mismo o con la ayuda de otros.

Competencias asociadas:

Aprendizaje, autocontrol, motivación, integridad.

***Tips* para ser jefe líder:**

- Vivir mejor debe ser una consigna que usted valore en alto grado; de ahí surge la conveniencia de que se apropie de las sugerencias planteadas como un mínimo vital y otras que puede obtener por su propia cuenta y ponerlas en vigor.

- Manténgase atento a los signos y síntomas; ellos dan mensajes que debe tener en cuenta siempre.

Capítulo 4

Los jefes que nadie quiere tener

"La libertad es la capacidad propiamente humana para autocontrolarse"
(Víctor Frankl)

Con las actuaciones del día a día se va perfilando el Jefe Líder, quien tiene claro que la imagen hay que cuidarla, y para ello mantiene un estilo propio que lo destaca por su manera de ser coherente, ética y equilibrada, evitando convertirse en foco de comentarios negativos y a veces grotescos a los ojos de los integrantes de su equipo de trabajo, de sus jefes y sus colegas.

En el curso de la vida laboral se tiene la oportunidad de trabajar bajo la dirección de jefes con diversas características, que reflejan estilos o actitudes muy particulares. A veces no se logra explicar con claridad esas formas especiales de actuar y es difícil aceptarlas como conductas apropiadas cuando se trata de dirigir personas hacia el cumplimiento de objetivos y metas en la organización.

De manera ocasional, el jefe puede tener comportamientos inadecuados sin que éstos sean censurados o rechazados. No obstante, si dichas actuaciones se tornan repetitivas frente a una persona o equipo de trabajo, llegan a alterar el ambiente laboral, generando preocupación en los subalternos, con el agravante de que el jefe ni siquiera se da por enterado de su proceder incorrecto.

4.1 Algunos jefes que no caen bien en los equipos de trabajo

A continuación, presentamos algunos tipos de jefes que no son aceptados fácilmente en los equipos de trabajo, por lo que vale la pena detenerse en el camino periódicamente, para autoexaminarse y detectar los comportamientos impropios que forman parte de su cotidianidad en su desempeño como jefe, del cual, tal vez, pocas personas quisieran saber.

No es raro que un jefe se identifique con varios tipos de estilo negativos, lo cual resulta más preocupante y, a veces, difícil de aceptar. La consabida disculpa no puede ser: "así soy y así moriré", porque estaría aceptando que no puede cambiar, sin pensar siquiera en las afectaciones que está causando en el equipo de trabajo. No hay jefe perfecto ni un perfil único de jefe, pero si hay formas de mejorar, partiendo de saber cómo es, cómo se está comportando y qué daños está ocasionando.

A medida que se apropie de cada descripción de jefe, realice una reflexión objetiva sobre cómo se encuentra frente a ese personaje, siguiendo estas pautas:

Tenga en cuenta la frecuencia que corresponda y luego marque donde dice respuesta a la letra respectiva.

P: Soy así de manera permanente.

O: En ocasiones me comporto así.

R: Rara vez actúo así.

Al final del capítulo se presentan orientaciones para erradicar ese estilo de jefe o al menos disminuir sensiblemente la frecuencia.

- **Supermán**

Nadie puede hacer algo tan bien como este tipo de jefe. Tiene ideas tan fijas de la solución a los problemas que ninguno de sus colaboradores puede ejecutar el trabajo en la forma tan precisa y perfecta que él lo haría.

Aunque a veces habla de delegación, no permite a los subalternos ir más allá de sus instrucciones, ni descubrir alternativas mejores de hacer las cosas.

En ocasiones no le importa que su equipo descanse mientras él trabaja, porque se jacta de ser el único y de tener superpoderes para hacer toda clase de labores.

Calificación: P __ O __ R __

- **Olafo**

Este jefe es visto como si hubiera perdido el norte de su existencia y la posibilidad de ser feliz, y muestra cara de amargado de manera permanente.

Suele encontrar motivos para pensar que el mundo está en su contra y nadie lo entiende, pierde el tiempo lamentándose, en lugar de buscar soluciones y aprovechar las oportunidades que se presentan.

Calificación: P __ O __ R __

- **Tiranosaurius**

Es un jefe tradicional que responde a lemas muy conocidos como: "¡hazlo como yo te digo!", "¡aquí mando yo!".

Suele ser poco imaginativo y está más orientado a las rutinas y al cumplimiento de plazos y tareas.

Actúa con base en presión constante, aires de superioridad, mal carácter, intolerancia, convencido de que siempre tiene la razón, por lo cual antepone siempre la jerarquía.

El miedo y la intimidación son sus herramientas favoritas para hacer que el personal trabaje, además de que es un especialista en encontrar errores.

Calificación: P __ O __ R __

- **Apaga incendios**

Corre permanentemente tratando de cumplir los compromisos a última hora y a como dé lugar; carece de orden en el trabajo y de programación.

Cualquier orden suya debe realizarse de manera inmediata por sus subalternos, quienes terminan adoptando el modo precipitado y caótico de trabajar de este jefe.

El nerviosismo y la agitación son parte de su *modus operandi*.

Calificación: P __ O __ R __

- **Burócrata**

Gusta demasiado del papeleo, los vistos buenos, las revisiones reiterativas, los sellos, las firmas, las copias y fotocopias, el cumplimiento estricto del horario, los informes, las actas, los turnos y las normas.

Presenta poses y actuaciones prefabricadas; su exceso de atención en el estilo y el perfeccionismo, usualmente lo lleva a quedarse corto en ideas y soluciones.

Calificación: P __ O __ R __

- **24/7**

Es el típico jefe que cree que no existe nada más importante que el trabajo y, por ende, cree que sus empleados deben estar disponibles en cualquier momento que los requiera en el trabajo, así sea para nimiedades.

Suelen enviar correos en horas de la noche, llamar por teléfono los fines de semana y poner mala cara cuando sus empleados se toman las vacaciones o licencias a las que tienen derecho.

Se molestan cuando sus trabajadores hacen uso de su hora de almuerzo y son muy quisquillosos con la hora de llegada y salida del trabajo.

En realidad, para este tipo de jefe, nunca se trabaja lo suficiente y resulta difícil tenerlo satisfecho.

Calificación: P __ O __ R __

- **Extenuado**

Muestra de manera habitual poca capacidad de trabajo y de entusiasmo, cayendo en la desidia, la rutina y la fatiga, tornándose improductivo y generando en sus subalternos, a manera de contagio, una reacción en cadena negativa, mostrando un estado general de falta de vitalidad.

El desgano por el trabajo lo marca de manera notable.

Calificación: P __ O __ R __

- **Confianzudo**

Para toda persona resulta molesto el espectáculo que protagoniza el jefe tratando a sus subalternos en tonos que exceden el trato amable y cordial, con actuaciones y palabras que poco favorecen su imagen.

El jefe confianzudo usa expresiones como "mamacita", "papacito", "mi vida", "encanto", "cielito", acompañadas de abrazos y toques que no son propios de un ambiente laboral, con la consiguiente pérdida de autoridad y de respeto.

Calificación: P __ O __ R __

- **Obispo**

Se distingue porque tiene que confirmar todas sus actuaciones antes de proceder: asistencia a reuniones, presentación de informes, viajes, citas de diferente naturaleza, autorizaciones.

Por eso, algunas veces se escucha decir en los empleados cosas como: "el jefe no ha confirmado la reunión", "no ha confirmado si viajo", etc.

Calificación: P __ O __ R __

- **Nudo**

Este jefe tal vez puede tener una idea clara de lo que necesita, pero resulta borrosa y complicada cuando trata de explicarla.

Sus instrucciones están empantanadas en fraseología contradictoria, descripciones confusas y carentes de significado. Puede decir oriente, cuando en realidad es occidente, blanco cuando quiere decir negro y espera que todos sepan exactamente de qué está hablando.

Sus órdenes suelen ir acompañadas de expresiones como: "¿Usted me entiende, cierto?"

Calificación: P __ O __ R __

- **Campeón de reuniones**

Padece la obsesión de convocar al equipo de trabajo, parte de él o algún colaborador en especial, a reuniones muy frecuentes, sin que medie una verdadera justificación para ello y sin productividad resultante.

Este jefe, de manera incomprensible, convoca a reuniones un poco antes de iniciar o finalizar la jornada laboral o en horas de descanso, desayuno y almuerzo.

Calificación: P __ O __ R __

- **Indolente**

Manifiesta falta de solidaridad y de sensibilidad ante lo que ocurre a sus subalternos, como una clara muestra de falta de compañerismo y respaldo frente a ellos en situaciones en que debe estar presente y actuar.

Calificación: P __ O __ R __

- **Descalificador**

Es un jefe que gasta su tiempo desacreditando a los que están a su alrededor. Si alguien hace algo bueno, lo criticará por hacerlo y, si no lo hace, por no hacerlo.

Les cuesta trabajo encontrar los méritos y aciertos en las demás personas, a quienes suelen ver como ineptas e inferiores.

Calificación: P __ O __ R __

- **Chabacán**

Es inaceptable que todavía se encuentre este tipo de jefe, que se distingue por sus chistes de mal gusto o flojos, expresiones maliciosas o de doble sentido, usualmente en presencia de damas.

Calificación: P __ O __ R __

- **Despistado**

Este jefe vive en las nubes y hasta olvida donde tiene la agenda, con lo cual se le dificulta cumplir con las obligaciones y compromisos porque no los recuerda.

Se desenvuelve en un ambiente permanente de sueños y rara vez se le percibe con los pies en la tierra frente a la realidad de la empresa y de su equipo de trabajo.

Calificación: P __ O __ R __

- **Histriónico**

Antepone con teatralidad la buena marcha de las relaciones personales a la realización del trabajo bien hecho.

Su punto fuerte son las relaciones públicas, ya que es muy comunicativo y está pendiente de su imagen y de resaltar con exageración lo que hace, haciendo también dramas por lo que no le sale bien a él o a su equipo.

Calificación: P __ O __ R __

- **Etiquetador**

Su manera de tratar a los subalternos está en función de factores como presentación personal, etnia, religión, nivel educativo, sector donde vive, entre otros, reservándose el derecho de encasillar a cada uno dentro de parámetros que estigmatizan claramente a las personas.

Calificación: P __ O __ R __

- **Envidioso**

Ataca y humilla metódicamente al más afortunado, al más fuerte, al más feliz, al más educado.

Se transforma en destructor de todo lo que vale y se destaca en los demás; su atención se centra en encontrar defectos, descubrir errores y restarle valor el trabajo ajeno.

Mira de manera recelosa toda manifestación de pensamiento superior, y se disgusta porque otros sobresalen o lo superan y se empeña en demeritarlos.

Calificación: P __ O __ R __

- **Avestruz**

Presenta situaciones censurables en las que asume el rol de "avestruz", es decir, elude las responsabilidades o problemas que no puede evadir y mucho menos ignorar, a sabiendas que en cualquier momento lo atraparán.

Calificación: P __ O __ R __

- **Exhibicionista**

Es el jefe que se pavonea por los espacios laborales haciendo gala de lujos y extravagancias frente al personal a su cargo, a veces con presunción de sapiencia suma.

Considera que está por encima de los subalternos en aspectos como posición social o política, tipo de vehículo, nivel de estudios, lugar de residencia, situación económica, presentación personal, etc.

Calificación: P __ O __ R __

- **Fetichista**

Con la llegada de la nueva era, se aprecia el uso de objetos y símbolos esotéricos en las oficinas de algunos jefes, representados en aromas, flores, velas, veladoras, estatuas y, en ocasiones, con rituales que son observados por los demás, que no alcanzan a comprender el significado simbólico.

El jefe fetichista es considerado extravagante y exótico, lo cual en un momento dado puede resultar molesto para el personal.

Calificación: P __ O __ R __

- **Encantador**

Este jefe anda siempre a la caza de muestras de afecto, reconocimiento y aceptación, con palabras, regalos, agasajos o acciones que pueden resultar gratas a sus superiores, y aun a ciertos subalternos, como una manera de ganar respaldo y lealtad, obtener protección, ascensos o beneficios laborales.

Calificación: P __ O __ R __

- **Hipocondríaco**

Muestra preocupación constante a padecer una o varias enfermedades graves, a partir de la interpretación personal de alguna sensación o signo corporal.

Aunque el médico le asegure que su salud está bien, la preocupación de este jefe vuelve de nuevo, buscando la compasión de los demás.

Puede describir su cuadro clínico con una sutileza impresionante, aclarando repetidas veces el alcance de cada uno de sus síntomas físicos y que su estado de salud puede empeorar.

Afecta el tiempo dedicado a su trabajo, por la cantidad de citas y tratamientos médicos en los que suele andar.

Calificación: P __ O __ R __

- **Improvisador**

Se trata de un jefe que desdeña los planes, programas, procedimientos y guías adoptados al interior de la organización y ejecuta el trabajo según su propio criterio, cambiando las reglas de juego de manera constante, con los consabidos efectos en la productividad, la eficacia, la efectividad y la calidad de los bienes y servicios producidos.

Calificación: P __ O __ R __

- **Bomba**

Algunos jefes suelen ser simpáticos y amables de manera cotidiana, pero cuando alguien comete un error o no acata sus órdenes, la situación explota: habla de mala manera y grotesca, manotea, grita y deja en evidencia a quien cometió la infracción.

Muestra comportamientos explosivos que conmocionan a los subalternos.

Calificación: P __ O __ R __

- **Promesero**

Es un jefe que se distingue por hacer ofrecimientos a sus colaboradores, a sabiendas de que las posibilidades de cumplir son mínimas, como ascensos, traslados, aumento de sueldo, dando origen a falsas expectativas, lo que genera una cadena de insatisfacción y desconfianza de parte de sus subalternos.

Calificación: P __ O __ R __

- **Endosador**

Se distingue porque busca la forma de delegar lo que no es delegable, es decir, que otros realicen el trabajo que le ha sido asignado o le corresponde hacer, sin comprometerse para nada en brindar soluciones.

Calificación: P __ O __ R __

- **Señalador**

Su actitud básica es asegurarse de que, si algo sale mal, tendrá a quién echar la culpa de los errores, así sean de él, buscando excusas para evadir las responsabilidades por sus equivocaciones.

Calificación: P __ O __ R __

- **Incumplido**

Con frecuencia llega tarde a las citas y reuniones y ofrece explicaciones innecesarias o poco creíbles. Falta de manera constante a sus compromisos e inventa excusas para todo.

Calificación: P __ O __ R __

- **Interruptor**

Con ritmo sorprendente, este jefe asigna una tarea, y justo cuando su equipo de trabajo se ha sumergido en ella, lo interrumpe con una nueva solicitud o con cualquier argumento o intención. De esta manera, sus subalternos no logran cumplir los objetivos, porque jamás consiguen terminar un trabajo.

Los empleados entran en la dinámica en la que la nueva solicitud siempre es más importante que la anterior.

Calificación: P __ O __ R __

- **Kamikaze**

Produce la sensación de que estuviera quemando los últimos cartuchos de su vida como jefe en procura de los logros, lanzándose como un suicida desesperado al cumplimiento de objetivos, metas y compromisos, aun con acciones temerarias, a sabiendas de que se puede estrellar.

Siente emoción convocando a reuniones de emergencia, entregas inmediatas, haciendo cambios de planes, llevando al personal al límite.

Calificación: P __ O __ R __

- **Maniático del trabajo**

Este jefe no tiene vida fuera de la empresa y supone que ninguno la necesita. Habla de trabajo o digita documentos mientras desayuna, revisa informes en los cambios de semáforo y aun en el ascensor está leyendo papeles o comentando asuntos laborales con otros.

No conoce la palabra descanso y lo peor es que pretende que sus subalternos tengan el mismo ritmo, los llama continuamente al celular o les envía mensajes por diferentes canales.

Piensa que la organización sería nada sin él y que la vida es sólo trabajo.

Calificación: P __ O __ R __

- **Mártir**

Es un maestro consumado en el arte de provocar lástima y conseguir que alguien haga el trabajo que él no tiene ganas de hacer. Siente que es víctima de todo el mundo y padece de complejo de persecución.

Calificación: P __ O __ R __

- **Servil**

Es el tipo de jefe que exhibe, frente a su superior, conductas impropias que desdicen mucho de él, como saludarlo efusivamente, mencionarle todos los proyectos y trabajos que ni él mismo recordaba, entregarle informes o trabajos no requeridos, e incluso obsequios, al volver de vacaciones.

No resulta raro que llegue a servirle de manera desmedida en todo momento al superior o superiores en fiestas y reuniones sociales.

Calificación: P __ O __ R __

- **Mitómano**

Emplea la mentira para alterar resultados, alcanzar prestigio, destruir o sobrepasar a otros, deshacerse de subalternos, mejorar la imagen, evadir responsabilidades. Presenta un aire convincente y manipulador, mezclando hábilmente verdades y fantasías.

Calificación: P __ O __ R __

- **Narcisista**

Es un jefe con un ego muy alto, por tanto, muy sensible a la crítica; padece de grandiosidad y excesiva importancia de sí mismo, fantasías de éxito, necesidad de elogios y admiración constantes. Se cree lo mejor de lo mejor, negándose a aceptar que alguien lo pueda superar.

Se considera el número uno, el jefe perfecto.

Calificación: P __ O __ R __

- **Pedigüeño**

Cree que todos los problemas se resuelven siempre con más tecnología, más personal, más espacio, más presupuesto, más viajes, y a pesar de que le sean suministrados, los resultados no mejoran.

Calificación: P __ O __ R __

- **Robot**

La actuación cotidiana de este jefe se caracteriza por la poca disposición a innovar, la mínima capacidad de disentir frente a otras personas (especialmente sus superiores), la falta de autonomía y la imitación de conductas.

En general, es repetitivo en sus actividades diarias, con mucho apego a los procedimientos bajo un automatismo persistente.

Calificación: P __ O __ R __

- **Sabelotodo**

Nada escapa a su sabiduría, con el problema que aborda todos los temas con el mínimo de profundidad y solo ve caras de ignorantes en las demás personas, presumiendo de docto. Está al tanto de la última moda gerencial, y alardea de ello de forma desproporcionada.

Calificación: P __ O __ R __

- **Espía**

Es el jefe que se inclina por hacer vigilancia a sus subalternos, incluso a través de otras personas.

En ocasiones, utiliza la tecnología para obtener información de cualquier aparato conectado, como contraseñas, *e-mails*, conversaciones de *chat* o telefónicas, o adquiere software especializado para analizar el nivel de seguridad de una red e identificar el acceso de los colaboradores.

El jefe "espía" se pasea por las estaciones de trabajo para observar qué hace el personal en su computador, usa cámaras o se esconde detrás de puertas y cortinas para verificar quién entra o sale y a qué se dedica el equipo a su cargo.

Calificación: P __ O __ R __

- **Megalómano**

Es un jefe caracterizado por su deseo de acumular **poder y ostentar del mismo; de esta manera, persigue** mantener o incrementar su autoridad.

Le interesa de manera especial su posición dentro de la empresa, un aviso en la puerta de su oficina en donde se pueda leer hasta dónde ha llegado.

Calificación: P __ O __ R __

- **Fantasma**

¿Dónde está el jefe?, suelen preguntarse algunos equipos de trabajo. Este tipo de jefe se caracteriza por salir muy poco de su lugar de trabajo y mantener la puerta cerrada.

Se refugia en el espacio de su oficina y se reúne muy poco con su equipo de trabajo, desconociendo que la comunicación constante es necesaria para solucionar los problemas y orientar la gestión.

Solo es conocido por los subalternos porque su nombre aparece en la correspondencia interna y externa y en los e-mails.

Calificación: P __ O __ R __

- **Superamigo**

Fácilmente reconocible, ya que mezcla el trabajo con las relaciones informales, y se desenvuelve en un ambiente de camaradería, llegando hasta penetrar en la vida íntima de los subalternos y dejándose inmiscuir en la suya.

Olvida que antes que amigo es jefe y como tal debe comportarse, manteniendo una distancia prudente respecto de cosas personales y vida privada y lo que significa amistad cuando se ostenta mando.

Antepone la amistad a la posición de jefe, lo cual es contraproducente para el trabajo del equipo; suele ser confidente y adentrarse en la vida personal de los colaboradores y a veces en sus familias, a quienes busca ayudar de alguna manera y también recibir reciprocidad.

Calificación: P __ O __ R __

- **Cleptómano**

En cada oportunidad se apropia del trabajo de los demás, de sus ideas, y de todo lo bueno que alguien hace, para que al final no le dé ni el mínimo reconocimiento que merece; es decepcionante pero aquí es cuando los subalternos se dan cuenta de que los explotan y no reciben ninguna compensación por las ideas y proyectos.

Calificación: P __ O __ R __

- **Paternalista**

Usa con frecuencia expresiones como: "Eso lo hago yo" o "no te preocupes". Su actitud es motivo de conflictos, genera dependencia y relaciones desequilibradas, tornando al personal inseguro y poco creativo. Se involucra más de lo necesario en el trabajo de los colaboradores y, aun, en sus asuntos personales.

Este tipo de jefe piensa que la empresa es como una familia. Por ende, prioriza las relaciones por sobre la productividad de los empleados.

La tolerancia al error es muy alta y existe condescendencia. Aunque las personas que trabajan con este jefe se sienten comprendidas y queridas, no sienten que están trabajando en un ambiente serio y profesional.

Calificación: P __ O __ R __

- **Telépata**

Este jefe piensa que sus empleados fueron creados a su imagen y semejanza: todo lo que tiene que hacer es pensar una idea y automáticamente sus subordinados la entenderán.

Cree firmemente que su conocimiento y su información se transfieren a sus subalternos de manera directa e invisible, sin que se necesite ninguna explicación o presentación.

Calificación: P __ O __ R __

- **Veleta**

Cambia de parecer con frecuencia, frente a la toma de decisiones y a muchos aspectos del trabajo.

Ante una misma situación puede reaccionar de forma diametralmente opuesta, provocando ansiedad en su equipo que no sabe cómo actuar para atender sus instrucciones.

Nunca se sabe cómo estará al día siguiente. Entre los compañeros de trabajo se suele preguntar "¿Y cómo viene hoy?" y, "cómo llegará mañana?

La inestabilidad en el ámbito laboral y en las actitudes son su debilidad.

Calificación: P __ O __ R __

- **Manipulador**

Este jefe se aprovecha de los subalternos, exigiéndoles compensación por favores recibidos, o por facilitar o conservar información confidencial --secreticos--, lo cual es una actitud abiertamente impropia y contraproducente.

Calificación: P __ O __ R __

- **Jurásico**

Es un enamorado de las prácticas de antaño para dirigir personas, haciendo caso omiso de los cambios y de las nuevas realidades. Está convencido de que todo tiempo pasado fue mejor y no vale la pena arriesgarse, creyendo que no vale la pena cambiar, ya que por eso no le pagan más.

Representa al jefe que no acepta la evolución de los conocimientos, la tecnología y las prácticas nuevas en su estilo de dirección y en los productos y servicios generados. La "nueva onda" no existe para él y vive en el pasado. El cambio no parte de su cotidianidad y dice con alguna frecuencia: "¿para qué cambiar, si así vamos bien?"

Calificación: P __ O __ R __

- **Casanova**

Es el jefe reconocido por su gusto de aventuras amorosas con las subalternas, a quienes halaga para conseguir sus afectos; sus estrategias amorosas las lleva a cabo con invitaciones, encuentros furtivos, preferencias, atenciones especiales, expresiones que delatan sus intenciones.

Como es natural, este tipo de conducta no pasa desapercibida a los ojos del personal, ya que más temprano que tarde queda al descubierto.

Es un comportamiento muy cercano al acosador sexual en el trabajo.

Calificación: P __ O __ R __

- **Corrupto**

Es el tipo de jefe que más conmociona, ya que se aprovecha de su posición para lograr beneficios propios y de otros, de manera fraudulenta e indecorosa, irrespetando el código de ética de la empresa y los principios universales de la decencia en el trabajo e induciendo a otros a que hagan lo mismo.

Comete delitos, los promueve o tolera contra la empresa, sus jefes, el Estado y sus subalternos.

Calificación: P __ O __ R __

- **Vacilante**

A este tipo de jefe le cuesta tomar decisiones, lo cual preocupa mucho a los subalternos, que están a la espera de lo que va a hacer quien los dirige en sobre diferentes temas y situaciones de trabajo. Siendo una condición clave en el ejercicio de la jefatura, muestra descuido en la aplicación del procedimiento para adoptar decisiones, y éstas de aplazan o como se dice en el argot empresarial "se engavetan", convirtiéndose en factor de desmotivación dentro del personal.

Calificación: P __ O __ R __

- **Tóxico**

Es un tipo de jefe que causa desespero y conmoción en el equipo de trabajo. Su carácter insoportable acaba con el ambiente laboral y todos lo rehúyen por su personalidad agresiva, acosadora, inestable, voluble, proclive al chisme.

En general, presenta las características de algunos los jefes que se describen en el presente capítulo.

Calificación: P __ O __ R __

COMPETENCIAS ASOCIADAS:

Aprendizaje, autocontrol, integridad, comunicación, convivencia, ejercicio del mando, motivación, profesionalidad.

***Tips* para ser jefe líder:**

- Tenga presente que el buen comportamiento es valorado por su equipo; por tanto, no descuide sus actitudes en el día a día, que lo van perfilando como un jefe con determinado estilo que puede resultar contraproducente.

4.2 Autoevaluarse para mejorar

El ejercicio anterior le permitirá a usted determinar en qué medida asume comportamientos erróneos como jefe, identificar el problema y encaminarse hacia su mitigación o erradicación definitiva, con el consecuente efecto positivo para usted mismo, sus colegas, sus superiores y el personal a cargo, partiendo del hecho de que ninguna de estas tipologías suma para el desempeño como jefe líder.

A partir del resultado, formule un plan de mejoramiento, empezando por el tipo de jefe con la calificación negativa más destacada (1. Soy así de manera permanente), y una vez desaparezca, prosiga con la otra, y así sucesivamente; es importante que empiece por la situación que considere más fácil de resolver; también puede acudir a un profesional de la conducta para que lo guíe en la solución de los comportamientos impropios de determinada condición de jefe.

El trabajo de mejoramiento sugerido usualmente tiene altibajos -un día sí, otro día no- pero al final se logra el cambio.

No puede caer en el error de decir "yo soy así y a mí nadie me cambia" o "yo no soy ninguno de esos jefes". Debe recordar que errar es humano y que la perfección no existe, al menos en el terreno de los seres humanos. Hoy día se cuenta con diferentes estrategias que pueden ayudar mucho, como coaching, mentoría o tutoría.

Competencias asociadas

Aprendizaje, autocontrol, integridad, comunicación, convivencia, ejercicio del mando, motivación, profesionalidad.

***Tips* para ser jefe líder:**

- Con los resultados obtenidos en las respuestas para cada tipo de jefe, elabore un plan de acción que le permita superar los comportamientos cuya frecuencia fue calificada con las letras P y O. Recordar, que el mejor comienzo parte de aceptar de que eso está ocurriendo. De nada sirve hacerse el desentendido.
- Haga propósitos simples de mejora y, poco a poco, plantéese metas mayores.
- Busque acompañamiento profesional, si así lo considera necesario.

Capítulo 5

Dirección del equipo de trabajo

"Los líderes que trabajan más efectivamente, me parece, nunca dicen "yo". Ellos no piensan "yo". Ellos piensan "nosotros". Ellos piensan "equipo"
(Tom Peters)

El gran reto del jefe líder es conducir con el mayor acierto al equipo de trabajo, considerándolo como un conjunto indivisible y a cada subalterno en su propia individualidad. Para ello, necesita que se apropie de un conjunto de variables que le ayudarán en su desempeño con liderazgo, para mantener un alto nivel de motivación en el personal que tiene a su cargo y obtener los resultados esperados del trabajo.

Todos sabemos que los resultados, la calidad y la productividad dependen de las personas. Sin empleados satisfechos no es posible tener clientes satisfechos. Es necesario tratar al personal como verdaderos clientes, con deseos y necesidades que se deben conocer y satisfacer (suministros, soporte, bienestar, capacitación, etc.).

El mercadeo del cliente interno *-endomarketing-* ayuda en ello, pues el principio básico de esta estrategia gira en el sentido de que la empresa debe atender, de manera prioritaria, al empleado -cliente interno--, para que a su vez éste genere respuestas positivas al cliente externo.

Sobre el jefe descansa una gran responsabilidad en la gestión del talento humano que tiene a su cargo; por ello, necesita aplicar conocimientos y buenas prácticas en la dirección del equipo para alcanzar un alto grado de satisfacción.

5.1 Manejo de los problemas de los subalternos

A veces los jefes descubren en los subalternos comportamientos fuera de lo normal, que ponen de manifiesto la existencia de problemas en planos como el personal, familiar, social, económico, en varios de ellos, o en todos al mismo tiempo.

En algunos casos, los empleados exteriorizan sus dificultades y conflictos, y en otros prefieren permanecer herméticos; sin el manejo adecuado por el jefe, termina impactando negativamente en el desempeño laboral individual y en el equipo de trabajo.

El límite a partir del cual se requiere la intervención del jefe constituye uno de los aspectos más difíciles de manejar, ya que los problemas pertenecen a la esfera individual, pese a afectar al equipo de trabajo, a la organización y al jefe mismo.

Ningún jefe está facultado para adentrarse en fueros internos, a menos que se cuente con el asentimiento del subalterno afectado, o que el problema revista especial gravedad para la empresa o el equipo de trabajo.

De modo que debe reconocer como prioritaria la atención de las dificultades al interior del equipo de trabajo; estar alerta para identificar síntomas de problemas con la mayor prontitud y acierto, con el fin de tomar las decisiones respectivas, ayudar a encontrar una solución favorable para el subalterno y permitir la continuidad del trabajo productivo al interior del equipo.

Algunos comportamientos y situaciones como los siguientes, le permiten detectar la existencia de problemas en los subalternos, para lo cual debe tener en cuenta la frecuencia y la severidad de las manifestaciones:

- Silencio extraño.
- Problemas de salud, con tendencia a la hipocondría.
- Malhumor.
- Eludir el encuentro con el jefe.
- Ausencias o retardos frecuentes.
- Pérdida de la alegría.
- Actitud sarcástica.
- Cambios en el aspecto físico.
- Llegar tarde al trabajo.
- Irritabilidad inusitada.
- Prisa por salir del trabajo o querer permanecer en él.
- Ansiedad.
- Depresión.
- Cambios en el ritmo de trabajo.
- Aislamiento.
- Disminución de la productividad personal.
- Productos defectuosos.
- Alegría desbordante repentina.

Estas pistas lo alertan sobre la existencia de dificultades, pero muy pocas veces indican la verdadera naturaleza del problema. Su tarea más difícil está por delante: hacer que quienes tienen el problema acepten sus contratiempos, y adopten medidas para solucionarlos. Aun aquellos jefes que son excepcionalmente hábiles, rara vez identifican los problemas inmediatamente, ya que:

- Las personas no siempre se sienten con suficiente libertad para decir lo que realmente quieren o deben decir.
- Resulta difícil en muchos casos traducir los pensamientos en palabras.
- La timidez propia de las personas.
- Falta de confianza con el jefe.
- No querer que se conozcan los problemas.
- Las mismas palabras no tienen el mismo significado para todos.

Si ha detectado señales que induzcan a pensar en la existencia de problemas, debe invitar al subalterno a buscar una solución cuanto antes posible. Para ello, puede iniciar un diálogo con expresiones como:

- "¿Quiere hablar de lo que le está pasando?"
- "¿Puedo ayudarle a estudiar y solucionar el problema?"
- ¿Le ayudaría si dialogamos acerca del asunto?"
- "Me gustaría ayudar, si me permite".

El asunto central es que se debe actuar tan pronto tenga conocimiento del problema del subalterno y brindarle apoyo para analizar la situación y buscar una salida, haciendo explícitas las consecuencias negativas de tipo personal e institucional y las posibles alternativas de solución, con un manejo confidencial y ético.

En este tipo de situaciones, no debe dudar en acudir a la unidad de talento humano, cuando la situación lo requiera, ya que, si no hay idoneidad para manejar ciertos problemas humanos de especial complejidad es mejor dejarle el tratamiento a quienes lo pueden hacer con la propiedad y los recursos requeridos.

Competencias asociadas:

Comunicación, convivencia, creatividad e innovación, ejercicio del mando, integridad, manejo de la información, negociación, toma de decisiones, solución de conflictos, profesionalidad,

***Tips* para ser jefe líder:**

- Sea prudente con los fueros personales, familiares y sociales de sus colaboradores.
- Brinde el soporte y el acompañamiento que necesitan los subalternos para resolver los problemas por sí mismos, sin convertirse en una panacea o en el muro de las lamentaciones.
- Esté pendiente de la solución del problema y haga lo posible para que éste no avance, se agrave o se repita.
- Sea solidario para estudiar y ayudar a solucionar el problema, no para inmiscuirse indebidamente en él y pretender resolverlo sin ser de su incumbencia profesional y laboral.

5.2 La distribución de las cargas de trabajo en el equipo

La carga laboral se refiere al tipo de tarea asignada a cada empleado, su volumen y tiempo de ejecución predeterminado, con los requisitos propios del producto o servicio resultante del trabajo.

Con alguna frecuencia se registran situaciones en las que se detectan injusticias por parte del jefe al entregar mucho trabajo a determinadas personas del equipo, mientras otras permanecen relativamente desocupadas.

En algunas oportunidades, a ciertas personas "de confianza" o preferidos del jefe se asignan actividades "importantes" y "creativas" y a otras del mismo nivel se les discrimina con tareas repetitivas, poco enriquecedoras y carentes de significado.

De otra parte, se puede incurrir en el error de especializar en exceso las funciones de un empleado o, por el contrario, de atribuirle la condición de "todero", es decir que hacen de todo.

Competencias asociadas:

Comunicación, creatividad e innovación, ejercicio del mando, delegación, integridad, manejo de la información, negociación, planeación, organización del trabajo, toma de decisiones, profesionalidad, solución de conflictos, trabajo en equipo, uso del tiempo, pensamiento sistémico.

***Tips* para ser jefe líder:**

- Con cierta periodicidad, acometa la revisión de las cargas laborales del personal, aplicando para ello la metodología conocida como "análisis de cargas de trabajo", de amplia difusión en el medio empresarial.
- Corrija el hábito injusto de asignar más trabajo a los mejores subalternos y de evitar mantener desocupadas a otras personas con trabajos insignificantes.
- Evite "toderos", ya que éstos tienen que responder por muchas cosas, con la posibilidad de cometer errores, además del mal ambiente que se crea en las demás personas.

5.3 Trabajo en equipo

Pocas cosas han influido tanto en la actividad laboral como los equipos de trabajo. Algunos poseen una naturaleza permanente como los conformados por los inmediatos subalternos de una sección y, otros tienen carácter temporal o *pro tempore* como las comisiones, proyectos o comités.

Lo que diferencia a un equipo de trabajo de un simple grupo es que sus miembros se han comprometido en el logro de un propósito común, tienen unas metas de rendimiento específicas y se hacen mutuamente responsables de los resultados que obtenga el conjunto.

La ligazón de los integrantes alrededor de objetivos laborales se convierte en uno de los principales retos de todo jefe y depende de un buen número de factores, entre los cuales resaltan la confianza en el equipo y la que el propio jefe inspira, la planeación del trabajo, su control y evaluación, la armonía colectiva, la asignación de roles, el grado de autonomía.

Para que el equipo de trabajo funcione armónicamente en pos de los resultados previstos y dentro de las condiciones de calidad y oportunidad exigidas, cada integrante debe cumplir con ciertas características, como:

- Capacidad de establecer relaciones positivas con los demás.
- Alto sentido de solidaridad.
- Responsabilidad compartida.
- Confianza.
- Propósitos comunes.
- Elevado nivel de responsabilidad para cumplir con los objetivos del trabajo o proyecto propuesto.
- Ética.
- Búsqueda de la excelencia.
- Madurez suficiente para aceptar y corregir los errores.
- Comunicación.

Como jefe, es importante que considere los siguientes aspectos en la dirección de su equipo de trabajo:

- Definición de un propósito común al cual aspiren todos sus integrantes, lo cual proporciona dirección, impulso y compromiso para todos.
- Conocimiento de las fortalezas y debilidades de los miembros del equipo para incentivar las características positivas y mitigar las negativas.
- Control de las actividades, discutiendo diversos aspectos de su ejecución con los integrantes del equipo.
- Establecimiento de metas que permitan canalizar los esfuerzos hacia un desempeño más alto y al logro de resultados conjuntos.
- Promoción del pensamiento y la actuación en equipo, combinando los intereses individuales y colectivos.
- Definición y aceptación de un enfoque común para alcanzar las metas, unificando los medios que faciliten su logro.
- Aplicación de motivación e incentivos.
- Confianza mutua entre los integrantes relacionada con su ética y capacidades.

Competencias asociadas:

Comunicación, convivencia, delegación, ejercicio del mando, integridad, integridad, manejo de la información, motivación, negociación, orientación a resultados, organización del trabajo, planeación, profesionalidad, solución de conflictos, toma de decisiones, trabajo en equipo, uso del tiempo, planeamiento sistémico.

***Tips* para ser jefe líder:**

- Promueva en las personas la aplicación de conocimientos, experiencias y habilidades para resolver problemas y consiga que el equipo trabaje para lograr los objetivos.
- Canalice sus esfuerzos hacia los resultados, contando con la participación voluntaria y decidida de sus subalternos.
- Aplique estrategias para mantener la cohesión armoniosa dentro del equipo, sobre la base de propósitos comunes.

5.4 Cada subalterno es único

Cuando dirige a todos sus colaboradores de la misma forma, está desconociendo las individualidades de cada miembro del equipo, sus variados intereses, enfoques y conductas que los hace comportarse y reaccionar de manera diferente ante los mismos hechos. Así como no existen dos jefes iguales, tampoco existen dos subalternos iguales.

Los equipos de trabajo están conformados por individuos que se distinguen entre sí por su etnia, estrato social, religión, género, estado civil, edad, salud, estado emocional, posición en la empresa, motivación, nivel de estudios, entre otros factores que se deben valorar cuando se trata de conducir un grupo de personas.

Cuando usted capta con acierto las características particulares de cada uno de sus subalternos, y conoce sus fortalezas y debilidades, tiene más posibilidades de mejorar el desempeño de ellos mediante una mejor aplicación de sus competencias y talentos.

Competencias asociadas:

Convivencia, ejercicio del mando, motivación, negociación, solución de conflictos, toma de decisiones, trabajo en equipo, integridad.

***Tips* para ser jefe líder:**

- Potencie la capacidad para identificar las diferencias individuales de cada subalterno a su cargo y determine la mejor manera de dirigirlo según sus propias características.
- Observe al equipo de trabajo como un conjunto, pero trate a cada uno de sus miembros de manera única.

5.5 Evaluando el desempeño

El jefe logra los objetivos y cumple con las metas del equipo de trabajo de la mano de sus subalternos, los cuales deben ser evaluados periódicamente en su desempeño. En este aspecto, es importante considerar las normas internas de la organización y las fechas, el marco de la cultura y los valores de la empresa, con el fin de realizar una evaluación aplicando criterios de objetividad, imparcialidad y equidad, sobre parámetros y compromisos laborales previamente establecidos.

Evaluar el desempeño de los trabajadores es fundamental para establecer cuánto contribuye cada persona al logro de los objetivos de la empresa, al igual que para la toma de decisiones sobre promoción, formación, contratación, despidos, aumentos de salario, entre otras. Por ello, es una de las tareas más delicadas e importantes que enfrenta un jefe. Hacerlo en forma justa, basado en estudios formales y no en apreciaciones subjetivas, es clave para la carrera profesional y la motivación de los empleados dentro de la organización.

La evaluación brinda oportunidades de crecimiento a los miembros del equipo a través de la retroalimentación que de ella se deriva. No basta con celebrar acuerdos de desempeño, es necesario realizar un seguimiento permanente a los mismos y formular los correctivos y recomendaciones requeridos para el mejoramiento del personal, generando las evidencias requeridas sobre logros y fallas del empleado.

Competencias asociadas:

Comunicación, ejercicio del mando, integridad, manejo del cambio, manejo de la información, motivación, negociación, orientación a resultados, planeación, profesionalidad, solución de conflictos, toma de decisiones.

***Tips* para ser jefe líder:**

- Tenga siempre en mente que la evaluación del desempeño se enfoca hacia la búsqueda del crecimiento de los subalternos y no como una herramienta para aplicar sanciones.
- Realice seguimiento a los acuerdos de mejoramiento que celebre con los subalternos para garantizar su cumplimiento.

5.6 Negociación

En las actuaciones de todo jefe, los acuerdos de trabajo revisten singular importancia y llaman la atención por sus diferentes implicaciones cotidianas en las relaciones internas con las distintas dependencias y con los integrantes del equipo o éste como un todo.

Usted puede emplear un proceso básico de negociación como el que se expone enseguida:

a) **Preparación:** Defina con claridad el objetivo que se quiere alcanzar, reúna la información pertinente, prepare las ayudas que se requieran, conozca la oferta a realizar y sus límites, cuente con posibles alternativas.

b) **Discusión**: Escuche de manera activa y respetuosa a la contraparte, sin subestimarla, consolidando los argumentos y posiciones.

c) **Acuerdo:** Concrete el acuerdo definitivo y cerrar la discusión, bien sea de un modo verbal o escrito, dependiendo del problema o asunto materia de negociación.

En este proceso, es importante que observe algunas pautas generales que le ayudan a sortear con mayor probabilidad de éxito la negociación:

- Las ofertas vagas, las posiciones complicadas, las frases rebuscadas y los discursos largos irritan a las partes de la negociación.
- Los involucrados en el proceso tienen el mismo derecho a plantear sus puntos de vista.
- El objetivo no es destruir al otro, sino ejercer con equidad un derecho legítimo.
- Las partes de una negociación son igualmente valiosas y buscan sus propios resultados.

Competencias asociadas:

Comunicación, ejercicio del mando, integridad, manejo del cambio, manejo de la información, negociación, orientación a resultados, profesionalidad, solución de conflictos, toma de decisiones, pensamiento sistémico.

***Tips* para ser jefe líder:**

- Logre concesiones sin afectar las relaciones personales.
- Busque soluciones sinérgicas a los problemas, pensando en el "gana gana".
- Tenga presente que negociar no significa acumular poder, vencer o aprovecharse de la otra parte. El objetivo es intercambiar opiniones, hacer pactos que redunden en beneficio de todos y de esta manera fortalecer el vínculo que une a las personas.

5.7 Motivación

No existen soluciones definitivas y únicas para el problema de la desmotivación, y el jefe debe acudir a las estrategias más apropiadas para erradicar esta anomalía del equipo de trabajo. Si bien la compensación económica es un factor importante de motivación, puesto que no sólo proporciona los medios para satisfacer necesidades materiales, sino que es símbolo de logro y reconocimiento, es un error concederle exagerada importancia a este factor, especialmente cuando las retribuciones económicas no están directamente relacionadas con el desempeño.

Aunque sea poco el reconocimiento, puede rendir frutos en la vida de un trabajador. Existen múltiples opciones para generar motivación individual y grupal, por lo cual resulta importante evaluar cada una de ellas, determinar cuáles se están aplicando y cuáles podrían implementarse, tomando en cuenta algunas consideraciones como los siguientes:

- La sensación de ser importante.
- El respeto de los demás, especialmente del jefe y los compañeros.
- Relaciones sociales positivas con los compañeros de trabajo.

- Remuneración justa.
- Prestaciones sociales legales y extralegales.
- Información acerca de lo que pasa en la empresa y en el equipo de trabajo.
- Tiempo para estudiar y recrearse.
- La satisfacción de producir bienes y servicios de alta calidad y ser productivo.
- Trabajo enriquecedor.
- Estabilidad laboral.
- El reto de un trabajo innovador con desafíos permanentes.
- Tecnología apropiada.
- Reconocimiento por el trabajo bien hecho.
- Clima organizacional positivo.
- La posibilidad de nuevos aprendizajes.
- Pertenencia a un equipo de alto desempeño.
- La posibilidad de aplicar iniciativas de mejoramiento.
- Un ambiente ético de trabajo.
- Comunicaciones asertivas en todos los niveles de la empresa.
- La guía de un jefe líder.
- Retroalimentación de las labores realizadas.
- Participación en la toma de decisiones.
- Programas de bienestar social para él y su familia.
- La dotación necesaria, de calidad y oportuna para trabajar.
- Incentivos pecuniarios y no pecuniarios.
- Distribución equitativa del trabajo en el equipo.
- Interés del jefe en sus problemas.
- Igualdad de oportunidades.

Cuando usted se convierte en alguien que impulsa y faculta, hace más que trabajar con y a través de las personas: capacita para alcanzar niveles superiores en el desarrollo personal y profesional, comparte algo de sí mismo, su influencia, posición, poder y oportunidades; muestra su fe en ellas, escucha sus esperanzas y miedos.

COMPETENCIAS ASOCIADAS:

Comunicación, creatividad e innovación, delegación, ejercicio del mando, integridad, manejo de la información, motivación, negociación, orientación a resultados, profesionalidad, toma de decisiones, trabajo en equipo.

***Tips* para ser jefe líder:**

- Explore diferentes opciones que permitan comprender los factores que motivan al personal a cargo y las acciones para mejorar su desempeño y su nivel de satisfacción.
- Reúnase con sus subalternos en privado para dirigirlos a través de sus errores, fallas y malas interpretaciones, y aplauda los progresos que realicen.
- Haga uso de elementos motivadores para el equipo como tal y para cada subalterno en particular. Unas cosas motivan a un trabajador y otras no.
- Trate siempre a sus colaboradores como personas
- Seleccione cuidadosamente los estímulos que motivan al personal.

5.8 Los incentivos al personal

Los estímulos que se conceden al personal tienen el propósito de elevar los niveles de eficiencia, calidad y eficacia en el desempeño de la labor, mejorar la satisfacción, desarrollo y bienestar de sus subalternos y contribuir al cumplimiento efectivo de los objetivos de la empresa.

Los incentivos pertenecen a dos categorías: pecuniarios y no pecuniarios. Los primeros implican la entrega de recursos económicos, como viajes, becas, bienes físicos. Los segundos, están conformados por un conjunto de programas flexibles dirigidos a premiar al personal por su desempeño (traslados, ascensos, encargos, comisiones) y a brindarle reconocimiento en privado y en público.

Algunos factores para el empleo de los incentivos podrían ser del siguiente orden:

- Los subalternos deben ver una conexión directa entre su desempeño y la probabilidad de recibir el premio deseado.
- El incentivo debe basarse en medidas relevantes y simples para la empresa y los subalternos.
- Sin desconocer la singularidad de cada persona, los incentivos deben otorgar reconocimiento para todos en igualdad de oportunidades, de tal manera que la valoración de los desempeños superiores motive a los demás a seguir mejorando.
- El procedimiento para la entrega de incentivos ha de basarse en criterios objetivos, los cuales deben ser conocidos por todos los miembros del equipo.
- La organización debe cumplir con los compromisos adquiridos a través de sus programas de incentivos.
- El plan de incentivos debe contener, proyectos, programas y estrategias que contribuyan a un mejor estar de los empleados en la empresa.
- Los incentivos deben ser públicos. El premio es motivador cuando todos saben que existe.
- El personal debe creer en la posibilidad real de recibir el premio, es decir, éste debe ser alcanzable.

Competencias asociadas:

Comunicación, creatividad e innovación, delegación, ejercicio del mando, integridad, manejo de la información, motivación, negociación, orientación a resultados, profesionalidad, toma de decisiones, trabajo en equipo.

***Tips* para ser jefe líder:**

- Mantenga en operación un plan de incentivos que garantice equidad, reconocimiento y satisfacción a quienes lo reciben.
- Exprese los elogios, reconocimientos o gratitud a lo largo de todo el proceso de trabajo, con el fin de fomentar la motivación y la productividad. No espere hasta el final.
- Los elogios nunca son suficientes, siempre y cuando sean concretos, sinceros y oportunos.

5.9 Subalternos tóxicos

Todo jefe siempre encontrará en el camino personas que generan irritación, malestar o confusión, afectando el ambiente laboral, conocidas como tóxicas, que causan escozor al jefe y al equipo de trabajo. Entre ellos, tenemos a los controladores, melosos, entrometidos, sabelotodo, narcisistas, acusadores, descalificadores, acosadores, chabacanes, hipocondríacos, indolentes, hipócritas, mentirosos, conchudos, chismosos.

Estos personajes son amenaza para su salud mental y la de su equipo y debe ubicarlos, mediante la observación de ciertas conductas como:

- Ponerse de mal humor o sentirse menos después del contacto con el insoportable.
- Sentirse menos importante o inferior en algo estando con esta persona.
- Sentir alivio cuando se va.

- Al hablarle al tóxico, se espera con ansias que alguien llegue al rescate de la confusión.
- Pensar que a veces sería mejor que la tierra se tragara al personaje molesto.

Para evitar a la persona tóxica, puede valerse de estrategias como:

- Si debe convivir con estas personas, abstraerse mentalmente de su presencia y su accionar.
- Una de las formas más eficaces de neutralizar a un insoportable es el empleo de la cortesía. Su afán por lastimar con comentarios o actos desagradables resulta estéril si él percibe que carece de efecto.
- Focalizarse en las cosas positivas de la vida cuando se está cerca de una persona insoportable, es un recurso efectivo para superar los malos momentos.
- Si no es posible evitarlos, trate de reducir al mínimo el contacto personal con ellos. Cuidar las emociones, y no hacer caso a sus palabras. La actitud positiva es siempre una buena elección.
- Si una persona insoportable forma parte de su equipo de trabajo, establezca de antemano y claramente las reglas de convivencia y hacerles seguimiento, juntamente con acciones de apoyo directo o a través del área de talento humano. Si se trata de su jefe, hacerle saber que usted y su equipo pierden eficiencia frente a comportamientos negativos de las personas tóxicas.

Competencias asociadas:

Autocontrol, convivencia, creatividad e innovación, ejercicio del mando, integridad, manejo de la información, motivación, negociación, profesionalidad, solución de conflicto, toma de decisiones, trabajo en equipo.

***Tips* para ser jefe líder:**

- Observe las conductas tipificadas como tóxicas en sus subalternos.
- Aplique las estrategias adecuadas para convivir con los colaboradores insoportables y ayudarles a superar las conductas negativas.
- Tenga en cuenta que usted puede ser una de esas personas insufribles. Si es así, plantéese la opción de mejorar.

5.10 El clima organizacional

Las empresas tienen el deber de garantizar un alto nivel de satisfacción laboral en los empleados, para lograr el compromiso personal con los objetivos, la misión y la visión establecidas.

Para emprender el mejoramiento de este clima, es necesario actuar sobre las principales variables que lo componen, dentro de las cuales se destacan:

a) Medio ambiente físico:

- Espacio de trabajo adecuado, confortable y seguro para cada persona.
- Condiciones de sonido, minimizando ruidos molestos.
- Iluminación, preferiblemente natural.
- Orden.
- Instalaciones físicas amplias.
- Máquinas y equipos en las mejores condiciones de calidad.
- Dotación personal en la cantidad, calidad y oportunidad requeridas.

b) Estructurales:

- Tamaño y complejidad de la organización.
- Distribución de las cargas de trabajo por dependencia y en cada equipo de trabajo.
- Estructura organizativa formal.
- Desarrollo tecnológico.
- Ambiente ético.
- Gestión del conocimiento.
- Cultura organizacional.
- Estabilidad laboral.
- Estilo de dirección.
- Normatividad.
- Manuales de procesos y procedimientos.
- Capacitación.
- Motivación.
- Plan de incentivos.
- Mecanismos para que las relaciones internas se basen en la confianza y el respeto.
- Salarios, prestaciones legales y extralegales.
- Perspectivas de ascenso.
- Trabajo que dignifique y permita el desarrollo de las propias capacidades.
- Conformidad con la carga laboral asignada.
- Resolución de los conflictos.
- Crecimiento personal y profesional de los trabajadores.
- Promoción del trabajo en equipo y el compañerismo.
- Consideración de los aportes de los equipos de trabajo en la toma de decisiones.

Competencias asociadas:

Comunicación, convivencia, creatividad e innovación, integridad, manejo de la información, motivación, negociación, organización del trabajo, planeación, toma de decisiones, pensamiento sistémico.

***Tips* para ser jefe líder:**

- Participe en la medición del clima organizacional de la empresa, para implementar las mejoras pertinentes en su equipo de trabajo.
- Facilite y promueva el buen ambiente organizacional en todo sentido.

5.11 El clima laboral

Es el ambiente en que se desenvuelven los integrantes de cada equipo de trabajo creado por éste y de la organización como un todo. Puede existir uno o varios equipos donde el ambiente de trabajo sea muy positivo mientras que en otros no, lo cual indica que este clima debe construirse, equipo por equipo, para que sea satisfactorio en toda la empresa, y la coexistencia sea favorable y acogedora en todas las unidades de trabajo.

Dicha construcción empieza por cada persona, luego por equipo, como un proceso donde todos aportan a la convivencia positiva.

Este clima resulta afectado por las experiencias de las personas, sus necesidades, motivaciones, deseos, emociones, expectativas, sistema de valores.

El clima está determinado en buena parte por las características, el clima organizacional, las conductas, las actitudes, las expectativas de quienes laboran en la organización, por las realidades externas de cada trabajador que influyen en su comportamiento interno, tanto en el equipo como en la empresa.

Este ambiente tiene como componentes básicos:

a) Social: Compañerismo, ausencia de conflictos entre personas o entre departamentos, compromiso organizacional, ambiente grato de trabajo, solidaridad, comunicación positiva, etc.

b) Personal: Aptitudes, actitudes, motivaciones, expectativas, hacer lo que le gusta y gustar de lo que hace, liderazgo individual, estado de salud física y emocional, etc.

c) Clima organizacional: Lo que haga la empresa en este clima incide de manera apreciable en el estado del clima laboral.

d) Liderazgo del jefe que promociona y facilita la convivencia al interior del equipo.

Competencias asociadas:

Comunicación, convivencia, creatividad e innovación, integridad, manejo de la información, motivación, negociación, organización del trabajo, planeación, toma de decisiones, pensamiento sistémico.

***Tips* para ser jefe líder:**

- Incentive la satisfacción de su equipo de trabajo creando y sosteniendo un clima laboral de sinceridad y compañerismo, fundamentado en el respeto mutuo, la comprensión y la cooperación.
- Incentive la colaboración, la solidaridad, el liderazgo, la participación y el trabajo en equipo, estímulos apropiados para la convivencia.
- Sea ejemplo de relaciones positivas y armoniosas.

5.12 Apego laboral con determinadas personas

Algunos jefes han desarrollado la costumbre de apegarse demasiado a ciertas personas que ocupan cargos considerados "de confianza". Estiman que siempre deben conservarlos a su lado y, para ello, esgrimen diversas justificaciones; incluso insisten en que sus subalternos sean trasladados de dependencia junto con ellos, cuando hay movimientos de personal en la empresa.

Estas situaciones son muy comunes en casos de asesores, secretarias, conductores, mensajeros, escoltas, asistentes. Con esta actitud se promueve la dependencia con relación a hacia algunas personas, a las que se les resta posibilidades de movilidad y desarrollo dentro de la organización y fuera de ella, ante la imposibilidad de acceder a otros cargos y experiencias.

Además de proyectarse la idea de una relación extraña y dependiente con los subalternos, el jefe refleja la incapacidad tácita de trabajar con personas diferentes.

Competencias asociadas:

Autocontrol, comunicación, convivencia, ejercicio del mando, integridad, manejo del cambio, motivación, profesionalidad, toma de decisiones.

***Tips* para ser jefe líder:**

- Al asumir la responsabilidad de jefe, siga el procedimiento de selección del personal a cargo según competencias.
- No caiga en dependencias personales; con el tiempo, puede resultar inconveniente para usted mismo y perjudicial para aquellos con los cuales se generó apego.

5.13 Los subalternos problemáticos

Existe la posibilidad de que tenga bajo su mando a algunos subalternos problemáticos que se convierten en fuente de dificultades tanto para usted, como para el equipo de trabajo y la propia empresa.

Algunas de las actitudes comunes de dichas personas pueden ser: desempeño inferior al esperado, abandono frecuente del puesto de trabajo, llegadas tarde, generación de conflictos, clima laboral negativo, baja productividad, saboteo, comportamientos indeseables o tóxicos, etc.

Para hacer frente a estos subalternos, puede emplear estrategias para resolver los problemas, logrando el mejoramiento de la conducta del trabajador, como.

- Brinde el mejor ejemplo de comportamiento y responsabilidad.
- Neutralice las actuaciones teatrales o las argucias de que se pueden valer los subalternos para desestabilizar el ambiente de trabajo.
- Atienda y responda las quejas de manera contundente y oportuna, ya que los problemas persisten y se agravan cuando se descuidan. De no adoptar decisiones, su autoridad puede verse cuestionada, lo mismo que las normas que regulan el trabajo y el funcionamiento de la empresa.
- Adelantada la investigación de manera directa por usted, confrontar en privado con el debido protocolo al subalterno.
- No eluda el problema. Los empleados son valiosos y tienen las capacidades indicadas para aportar al crecimiento de la empresa; por esto, focalice a qué se debe esta actitud y aplique estrategias para poder encontrar el equilibrio con el personal del equipo; desde luego, tomando las medidas necesarias.
- Mantenga la práctica de tratar de hacer algo respecto de las conductas problemáticas, ya que lo más probable es que la inercia empeore la situación.

- Muestre autoridad, evitando que le falten al respeto y desprestigien el trabajo que usted ejecuta todos los días; debe necesita mostrar seguridad y personalidad ante ellos.
- Evite colocarse a la altura de los problemáticos, ya que algunos buscarán la desestabilización emocional, sacándolo de casillas con sus comportamientos. Es necesario que mantenga la compostura y una posición relajada, evitando elevar el tono de voz, aunque ellos lo hagan.
- Tenga en cuenta que, a veces, los empleados conflictivos no saben que su comportamiento está creando malestar en el equipo, esto hace que necesario intervenir y entre más pronto, mejor.
- Aborde de manera constructiva y cordial, pero con firmeza, al trabajador que por sus conductas habituales es considerado problemático. Escuchar y permitirle expresar sus inconformidades, manifestando siempre interés en colaborarle.
- Actúe con objetividad y respeto, sin permitir que la opinión acerca del empleado se refleje en la manera de apreciar y resolver el problema.
- No llame la atención frente al equipo, por cuanto se genera malestar en el subalterno y en los compañeros de trabajo.
- Solucione los problemas directamente, ya que los subalternos esperan que el jefe asuma el manejo de las situaciones traumáticas de su equipo de trabajo. El último recurso del jefe es el trámite disciplinario, si es que a él hay que llegar.

Competencias asociadas:

Autocontrol, convivencia, creatividad e innovación, ejercicio del mando, integridad, manejo de la información, motivación, negociación, profesionalidad, solución de conflicto, toma de decisiones, trabajo en equipo, comunicación.

***Tips* para ser jefe líder:**

- Utilice las pautas apropiadas para el manejo de los subalternos difíciles.
- Apoye al trabajador para que tome la iniciativa para corregir los problemas que provienen de él. Si la situación conflictiva es ocasionada por el jefe o por la empresa, hágale notar que se tomarán las medidas necesarias.
- En todo caso y haciendo uso de su creatividad y autoridad, debe ponerle freno a la problemática.

5.14 El proceso de comunicación

A través de la comunicación no sólo se expresan necesidades y pensamientos, sino también sentimientos, de forma verbal, escrita, virtual, telefónica, corporal-- mirada, gestos, posturas y ademanes--, con impacto directo en la actitud en las personas.

Los jefes se mantienen en permanente comunicación, recibiendo y suministrando información por canales diversos. Sin la comunicación, el trabajo en equipo no es posible, ya que cada uno actuaría de manera independiente, sin la influencia o participación de otros, o del mismo jefe.

La capacidad de comunicarse en sentido vertical, transversal y horizontal es una de las competencias esenciales de todo jefe. En su posición de conductor de un equipo de trabajo, transmite información e instrucciones a cada miembro en forma individual y al equipo en su conjunto. Además, constantemente debe comprobar si las instrucciones se han comprendido y ejecutado en forma correcta y oportuna.

En el proceso de comunicación es importante que tenga en cuenta lo siguiente:

- La comunicación se lleva a cabo para influir en la forma en que otras personas realizan las cosas o para transmitir y recibir información.

- Las personas se comunican de diferentes maneras. Principalmente se usan palabras, habladas o escritas y la tecnología. No obstante, también se transmite información a través de gestos y actitudes.

- Existen obstáculos que dificultan o impiden la comunicación: falta de claridad, presentación defectuosa, puntos de vista divergentes, prevenciones, etc. Empleo de recursos para eliminar las distorsiones en la comunicación, bien sea por parte del emisor, del receptor o de ambos.

- La comunicación requiere del asertividad; el propósito de esta habilidad del jefe para transmitir mensajes a las demás personas de forma clara, directa, honesta y respetuosa y de graduar o administrar la intensidad de lo que el jefe pretende expresar.

- Otra habilidad que necesita en el proceso de comunicación es la retroalimentación de la comunicación, que permite cerrar el ciclo de la emisión y recepción de mensajes, y su propósito es la verificación de lo transmitido. Esta condición de comunicación es fundamental en el ambiente laboral ya que le permite indicar los aciertos y errores cometidos por sus colaboradores con el propósito de mejorar de manera permanente su desempeño.

Competencias asociadas:

Comunicación, convivencia, ejercicio del mando, integridad, manejo de la información, negociación, profesionalidad, pensamiento sistémico

***Tips* para ser jefe líder:**

- Aproveche las conversaciones informales, sean individuales o en grupo, para mostrar actitud comunicativa.
- Perfeccione las formas de comunicación.
- Suministre la información que requieran sus subalternos para la correcta ejecución del trabajo, así disminuirá errores, riesgos y repeticiones.
- Por ningún motivo difunda algo que critique, humille, degrade o hiera a alguien de su equipo de trabajo o de la organización.

5.15 El arte de la escucha activa

Para los jefes es de suma importancia saber escuchar a sus subalternos, pero ¿cuántos lo hacen bien? Resulta raro encontrar un jefe que se comporte como un oyente de verdad. Entre los principales errores está el centrar la atención en lo que van a decir justo cuando la otra persona empieza a hablar, o peor aún, interrumpirla y no permitirle exponer sus ideas. La mayoría de las veces ni siquiera intentan comprobar lo que creen haber oído, y mucho menos reconocer el tono, el contenido o los matices de quienes les hablan.

La escucha activa es una gran habilidad, actitud o disposición, que consiste en la facultad de distinguir las emociones o sentimientos que la persona expresa cuando transmite una idea o necesidad. Dicha capacidad requiere de práctica, pero, sobre todo, de la disposición a recibir lo emitido por las demás personas.

Es evidente que toda persona, en su fuero interior, desea o necesita ser escuchada con respeto y cortesía. ¿La razón? El interés en expresar sus opiniones, y obtener atención y reconocimiento.

La integración del arte de escuchar de manera activa en la gestión diaria produce beneficios, como:

- Elevación de la autoestima de quien habla, pues le permite sentir que sus palabras son importantes y, con esto, la comunicación y la interrelación se hacen más fluidas, respetuosas y agradables.
- Permite al que escucha identificar intereses y sentimientos de quien se expresa y, de esta forma, puede ser más efectivo en la comunicación con su interlocutor.
- Se reducen las posibilidades de conflictos por malas interpretaciones en las comunicaciones.
- El diálogo es una herramienta invaluable para confrontar diferencias y sustituir la incomprensión o el uso del poder como forma de "convencer" al otro, por una relación regulada por el respeto y la tolerancia.
- Se aprende de los conocimientos del otro.
- Se alcanza más respeto y aprecio.
- El que escucha con atención, proyecta una imagen de respeto.

La conducta de escuchar a los subalternos puede estar orientada por la siguiente guía:

- Interesarse sobre el tema que se está tratando.
- Concentrarse sobre todo en el contenido, no en los elementos externos.
- Evitar interrumpir a quien habla, dedicándole el tiempo necesario.
- Preocuparse de lo principal, evitando distraerse en los detalles.
- No adaptar todo a una idea preconcebida.
- Mostrar una actitud corporal positiva, de acogida.
- No propiciar distracciones.
- En cuanto alguien termina de hablar, no precipitarse a opinar.
- Concentrarse en lo que se escucha y dejar de pensar en otras cosas.
- Intentar ponerse en el lugar de quien habla, para comprender su punto de vista.

- Comenzar poniéndole la atención a la otra persona, evitando trabajar, mover papales, trabajar, usar el computador, atender llamadas, mirar el celular. Cuando no se concentra en lo que otros quieren decir, se está diciendo que no los valora ni respeta.

Competencias asociadas:

Comunicación, convivencia, ejercicio del mando, integridad, manejo de la información, negociación, profesionalidad, pensamiento sistémico

***Tips* para ser jefe líder:**

- Autoevalúe la forma en que está escuchando a los subalternos, con el fin de mejorar paulatinamente esta habilidad, hasta convertirla en un hábito positivo permanente.
- Desarrolle el hábito de la escucha activa.
- Ubíquese en el lugar del otro cuando dialogue.

5.16 El ejercicio del mando

La autoridad es concebida como la capacidad del jefe para ejercer el mando como resultado de la facultad que se asocia con una posición de dirección de personas en la organización (director, alcalde, ministro, obispo, capitán, coordinador, etc.), y así apreciar que la influencia y las decisiones que se tomen en determinado cargo son legítimas. La autoridad permite dar órdenes y esperar que éstas sean acatadas.

Al mando, por su lado, se le considera como la capacidad de un jefe para influir, intervenir o preceptuar en los actos o decisiones del equipo de trabajo y emana del nivel que se ocupa en la jerarquía de la empresa (autoridad).

Para el ejercicio del mando, puede hacer uso de varios tipos de autoridad, como las siguientes:

a) **Formal**: Poder que se asocia con la estructura organizativa y se refleja en la designación en una posición con personas a cargo. Se trata de un derecho que emana de su puesto formal en la organización dentro de una cadena de mando.

b) **Moral**: Demostración evidente de influencia en el equipo de trabajo gracias a un comportamiento ético a toda prueba; así logra la aceptación y el respeto de los demás.

c) **Técnica**: Derivada del manejo idóneo de las actividades y procesos a cargo (producción, contabilidad, compras, gestión humana) y logra el reconocimiento por ello. Representa el poder del experto en uno o varios campos, lo que le permite ganar el respeto y la cooperación del equipo.

d) **De la experiencia**: Reconocimiento que proviene de los años de ejercicio laboral.

e) **Personal**: Surge del don de gentes, estilo de vida, situación familiar, trato a los subalternos, comportamiento social. Se basa en el carisma.

f) **Referente**: Se basa en la identificación del subalterno con el jefe.

En el ejercicio del mando, se tiene el poder de influir en forma directa sobre los subalternos con el objeto de alcanzar las metas del equipo y promover el desarrollo de éste, enfrentándose a situaciones como:

- Tomar decisiones impopulares que no tienen el respaldo de los demás.
- Ganarse el derecho de ser tenido en cuenta en épocas de crisis.
- Sortear las adversidades con decisión.

- No perder el control cuando se encuentra bajo presión o en momentos difíciles.
- Actuar con rapidez, de forma apropiada y con precisión.
- Resolver los problemas antes de que se agraven.
- Tomar decisiones utilizando el sentido común, la experiencia, el buen juicio y los conocimientos.
- Supervisar los procesos a su cargo y los objetivos y metas proyectadas.
- Poder dirigir con éxito múltiples actividades al mismo tiempo.
- Lograr que las cosas sucedan.

Competencias asociadas:

Autocontrol, comunicación, convivencia, delegación, ejercicio del mando, integridad, manejo del cambio, manejo de la información, motivación, negociación, orientación a resultados, planeación, profesionalidad, solución de conflictos, toma de decisiones, trabajo en equipo, uso del tiempo, pensamiento sistémico.

***Tips* para ser jefe líder:**

- Revise cuidadosamente, ojalá con el apoyo de otros, el o los tipos de autoridad que emplea en su cotidianidad.
- Adopte los correctivos necesarios para un mejor ejercicio del mando.
- Desarrolle y fortalezca permanentemente las habilidades de mando.

5.17 Manejo de los conflictos

El conflicto es un hecho natural en la convivencia laboral. Como tal, no necesita ser algo complejo, aunque puede llegar a serlo si no se maneja con cuidado y no se resuelve antes de que ocasione daños al ambiente del equipo de trabajo.

Los conflictos se producen usualmente por razones como:

- Lucha de poder en el equipo.
- Desavenencias.
- Choques de personalidad.
- Trato preferencial del jefe.
- Desempeño deficiente.
- Problemas con las responsabilidades.
- Falta de cooperación.
- Desmotivación.
- Frustraciones.
- Competencias por los recursos del trabajo.
- Disfrute de privilegios en la organización.
- Ideas políticas.
- Creencias religiosas.
- Factores étnicos.

Una parte del tiempo de los jefes se invierte en atender los conflictos que surgen en el equipo de trabajo. Algunos no cuentan con la suficiente experticia (experiencia, capacitación, entrenamiento) para manejar este tipo de situación, les parece algo muy complicado y se sienten invadidos por el temor, las tensiones, la ansiedad y el estrés. Ante esto, la actitud más corriente es que el jefe se haga el desentendido frente a hechos conflictivos y dilate sistemáticamente la solución.

En primer lugar, debe realizar una labor preventiva, identificando el origen del conflicto y actuando prontamente en aras de resolver los asuntos traumáticos antes de que adquieran dimensiones mayores. En segundo lugar, en caso de que el problema haya hecho crisis, no lo puede dejar de lado y asumir que se solucionará por sí mismo. Una forma razonable de proceder consiste en invitar en privado (primero en forma individual y luego juntos) a las personas implicadas, analizar con ellas las causas y arbitrar un arreglo con ecuanimidad, si lo considera pertinente.

El conflicto puede ser enfocado por el jefe de dos maneras, positiva o negativa. Una mirada **positiva** a una situación conflictiva se presenta cuando:

- Sirve de apoyo para sacar a flote una dificultad mayor.
- Optimiza la comunicación entre el equipo.
- Libera las tensiones acumuladas.
- Desarrolla la personalidad.
- Mejora el ambiente laboral.
- Entrena y educa.
- Ayuda a las personas a desarrollar sus capacidades.

No obstante, un conflicto es percibido como **negativo** en casos como:

- Se desvía la atención de las personas de los asuntos realmente importantes.
- Crea sentimientos de insatisfacción en las partes involucradas.
- Se desencadenen otros conflictos a partir del presente.
- Los individuos y los grupos se aíslan y pierden la voluntad de cooperar.

Como jefe, usted dispone de varias estrategias para solucionar un conflicto laboral; entre ellas están:

- Ignorar la existencia del conflicto o aislarse de él. Esto da resultados en la medida que el conflicto sea de poca monta, o si es preferible esperar a que disminuyan las tensiones antes de enfrentarse directamente al problema.

- Mitigar las diferencias. Resulta útil cuando los conflictos no revisten graves características o cuando es necesario conservar a como dé lugar la relación entre las partes involucradas.

- Conciliar las diferencias, logrando que cada una de las partes ceda en algo para finiquitar el conflicto. Este método puede resultar efectivo si los interesados están dispuestos a modificar su posición.

- Admitir las discrepancias entre los individuos y resolver el conflicto a través de una alternativa consensuada donde todos ganen. Se puede emplear este método si se dispone de tiempo, si los actores creen en una solución de este tipo y poseen las habilidades necesarias para ejecutarla.

- Negociar una solución entre las partes involucradas, de tal suerte que puedan obtener una ganancia satisfactoria, sin que ninguno renuncie a algo que considere fundamental.

- Emplear la autoridad para poner fin a la situación o buscar la intervención de un tercero. Es útil cuando el mando se basa en la autoridad o el método empleado ha sido aprobado de común acuerdo.

Competencias asociadas:

Autocontrol, comunicación, convivencia, ejercicio del mando, integridad, manejo de la información, manejo del cambio, negociación, motivación, toma de decisiones, ejercicio del mando.

***Tips* para ser jefe líder:**

- Haga lo posible para que las personas aprendan de las situaciones conflictivas y sus soluciones.
- No permita que los conflictos se agiganten. Resuélvalos prontamente y de la mejor manera posible.
- Aplique las estrategias más adecuadas para la solución del conflicto.
- Elabore las lecciones aprendidas de cada conflicto resuelto.

5.18 Cómo llamar la atención a los subalternos

En diferentes momentos de la carrera de todo jefe se presenta la circunstancia de llamar la atención a algunos integrantes del equipo de trabajo. Es inevitable y hay que afrontarla, si se quiere evitar complicaciones futuras, el desempeño propio y del personal.

Para algunos jefes, la forma de proceder en este caso se facilita por su personalidad conciliadora, su estilo de dirección, su experiencia. Para otros, puede resultar difícil hacerlo si no se tienen estas características.

En fin, hay que proceder, ante un hecho que amerite el llamado de atención. En este caso, le sugerimos el siguiente protocolo general:

- Una vez decidido que debe llamarse la atención, no dé espera, hay que proceder con prontitud.
- El llamado busca la solución a un problema y un aprendizaje; para eso, debe actuar con un sentido educativo, es decir, orientar, guiar, aportar sugerencias sobre actividades que se deben mejorar.
- Antes de hacerlo, llénese de razones y evidencias objetivas.
- El llamado de atención debe ser muy breve. Los expertos recomiendan no pasar de dos minutos, más tiempo se considera "cantaleta", rodeada de teatralidades (manoteos, golpes en el escritorio, gritos, miradas de censura, etc.) que sólo le restan prestigio al jefe y le hacen perder credibilidad y confianza, con el agravante de que afectan la imagen, la dignidad y la autoestima de las personas y pueden generarse reacciones muy graves, incluida la violencia.

- Se trata de mejorar comportamientos y desempeño, como parte de las responsabilidades del jefe que promueve el crecimiento personal y laboral de sus subalternos.

- Una manera efectiva de iniciar el encuentro es invitando al empleado a reflexionar sobre lo sucedido y cómo el hecho negativo pudo haberse evitado.

- Precisar los hechos que motivan el llamado de atención, dando ocasión para que el empleado presente su versión de los hechos.

- No se debe llamar la atención delante de otras personas.

- El trabajador puede objetar los argumentos del jefe. Es un signo de respeto escucharle la versión de los hechos.

- Al final de la conversación, llegar a un acuerdo concreto con un plan de apoyo, si el subalterno así lo considera.

- No resulta adecuado recordarle al empleado las llamadas de atención precedentes.

- Se debe mantener el equilibrio emocional durante el procedimiento de llamado de atención.

- Si dos o más personas participan de los mismos hechos o situaciones censurables, llámeles la atención en forma separada y determine si posteriormente debe abordarlas en conjunto, por ejemplo, para limar asperezas o aclarar participación en los hechos que motivaron el llamado de atención.

- No se deben acumular llamadas de atención

Competencias asociadas:

Autocontrol, comunicación, ejercicio del mando, integridad, manejo de la información, motivación, negociación, profesionalidad, solución de conflictos, toma de decisiones, uso del tiempo.

***Tips* <u>para ser jefe líder:</u>**

- Haga del llamado de atención un proceso para mejorar el desempeño y el comportamiento de los subalternos.
- Siga un procedimiento general de llamado de atención, personalizando cada caso.
- Verifique la mejora acordada con el colaborador al que se le llama la atención y ofrezca el apoyo necesario para lograrlo.

5.19 Manejo de las crisis

Las crisis, como fenómenos que se van incubando o surgen repentinamente, no escapan a las vivencias de los jefes, quienes tienen un rol fundamental para gestionarlas.

Los tiempos difíciles ponen a prueba a los jefes líderes, ya que surgen en el momento en que éstos más se necesitan, cuando deben guiar a su equipo en dificultades, procediendo con decisión para tomar las medidas que sean necesarias en forma oportuna y efectiva.

Sin embargo, si el jefe no manifiesta tener la confianza y la idoneidad necesaria para superar la crisis, el personal no lo aceptará ni estará dispuesto a dirigir sus esfuerzos en la dirección que proponga el jefe.

a) Causas

El origen de las crisis puede ser múltiple y ubicarse en los siguientes frentes:

Debido al jefe:

- Conductas impropias
- Enfermedad

- Traslado
- Falta de liderazgo
- Sustitución
- Sanciones
- Muerte

Debido a la empresa:
- Su venta
- Fusión
- Bancarrota
- Reestructuración
- Disminución de la nómina
- Pérdidas
- Procesos judiciales graves contra la empresa
- Cambio de mandos superiores
- Conflictos directivos
- Surgimiento de competencia fuerte en el entorno

Por el propio equipo:
- Conflictos severos entre los colaboradores
- Comentarios, habladurías
- Salida de integrantes, con redistribución de las cargas de trabajo
- Retiros/traslados

b) Consecuencias que puede producir la crisis:

- Desgano por el trabajo
- Baja productividad
- Disminución del ritmo de trabajo
- Desmejora de la calidad de los productos
- Clima laboral negativo

c) Cómo enfrentarla

Algunos de los elementos a su disposición para el manejo de una crisis, pueden consistir en:

- A partir del hallazgo de los comportamientos de la presencia velada o directa de la crisis, debe adelantar el diagnóstico que conduzca a verificar la realidad de la crisis para concretar con certeza los factores que la originan, con los involucrados en ella.

- Conservar la tranquilidad en el ambiente de presión y de tensión: En forma estrecha a la confianza para solucionar las dificultades, se encuentra la necesidad de mantener el balance emocional, haciendo uso del autocontrol.

- Definir los objetivos, acompañados de las estrategias adecuadas que conducirán a la salida de la crisis.

- Elaborar el plan de acción para ejecutar las estrategias, con el respectivo cronograma.

- Actualizar la información con alguna periodicidad ya que ciertos cambios la pueden dejar obsoleta.

- Manejar el centro de mando unificado donde se asuman los roles y responsabilidades por el trabajo a desarrollar.

- Designar las personas más adecuadas que estén disponibles para enfrentar los problemas que surjan durante la crisis, a cambio de dirigir prolongados estudios para saber quiénes están mejor calificados para ello.

- Monitorear en tiempo real el desarrollo del cronograma e introducir los ajustes que sean requeridos.

- Mantener comunicación constante con las personas que están atendiendo la crisis y motivarlas.

- Evaluar los resultados, documentando las lecciones aprendidas.

- Documentar el proceso de la crisis con los soportes respectivos.

- Actuar con prontitud y de manera decidida.
- Rendir los informes que requieran las partes interesadas.

COMPETENCIAS ASOCIADAS:

Aprendizaje, autocontrol, comunicación, convivencia, creatividad e innovación, ejercicio del mando, integridad, manejo del cambio, manejo de la información, motivación, negociación, planeación, profesionalidad, solución de conflictos, toma de decisiones, trabajo en equipo, pensamiento sistémico.

***Tips* para ser jefe líder:**

- Si puede anticipar la crisis, mucho mejor.
- Elabore un plan de acción con el equipo para manejar la crisis.
- Actúe rápidamente y con decisión.
- Elabore las lecciones aprendidas para un mejor manejo de las crisis que sobrevengan.

Capítulo 6

El jefe productivo

"No puedes construir tu reputación hablando sobre lo que vas a hacer"
(Henry Ford)

Los jefes tienen un doble papel: lograr los objetivos y metas propios del equipo de trabajo que dirige y los que tienen asignados en forma personal. Para alcanzar los mejores resultados en ambos niveles de gestión necesita una dosis importante de planeación y organización de su trabajo, debiendo considerar como punto de partida la dirección sistémica de su labor y otros factores clave como la toma de decisiones, la delegación, la tecnología, el conocimiento, y el cambio.

Ser productivo es una condición especial para el jefe, lo cual significa alcanzar los mejores resultados producto de su liderazgo y del desempeño de sus subalternos, dentro de los mejores estándares de eficiencia -uso de recursos y eficacia -- cumplimento y logros de objetivos y metas--. Eso supone la organización del trabajo, la acertada toma de decisiones, el uso de la tecnología, entre otros elementos clave.

6.1 El jefe organizado

Buena parte del tiempo laboral de los jefes se esfuma por la deficiente planeación del trabajo, el desorden, el cambio de agenda permanente, el uso indebido de las modernas tecnologías de información y comunicación, la asistencia a reuniones improductivas o innecesarias, el aplazamiento de las cosas.

En materia de organización del trabajo, el jefe puede llevar a cabo actividades como:

- Manejar esquemas apropiados de planeación del trabajo, y ser metódico en su ejecución.
- Ceñirse a los procesos y procedimientos con sus tiempos.
- Hacer todo lo posible por trabajar en un solo proyecto a la vez, hasta terminarlo.
- Saber distinguir las actividades urgentes de las importantes, y actuar en consonancia con el manejo adecuado de las dos variables.
- Enfocarse en la orientación de áreas clave, donde una ejecución sobresaliente producirá excelentes logros.
- Obligarse a sí mismo a establecer prioridades y a respetar el orden de ejecución de las decisiones.
- Ordenar su escritorio antes de marcharse de la oficina a descansar y mantenerlo en el mayor orden posible, aplicando el aforismo "un lugar para cada cosa y cada cosa en su lugar".
- Manejar la agenda de trabajo con disciplina.

- Actuar frente a cada documento que se recibe, agilizar su lectura y establecer acciones inmediatas.
- Dedicarse a un proyecto o caso a la vez, utilizando una lista maestra como guía.
- Hacer uso de la tecnología para comunicarse y ejecutar el trabajo, según las posibilidades que ella pueda brindarle.
- Clasificar los documentos con códigos, colores, o cualquier medio, por ejemplo, urgentes, importantes, etc.
- Evaluar las tablas de retención de los documentos.
- Adoptar como práctica revisar un día cada semana los documentos que tiene sobre el escritorio, archivos o gavetas y constatará que siempre sobran papeles.
- No emplear el escritorio como gabinete de revistas, periódicos, alimentos, colecciones.
- Seleccionar los elementos de trabajo estrictamente necesarios, limpiar el sitio de su ubicación y colocarlos allí.

COMPETENCIAS ASOCIADAS:

Aprendizaje, autocontrol, comunicación, delegación, creatividad e innovación, ejercicio del mando, manejo de la información, organización del trabajo, planeación, profesionalidad, toma de decisiones, uso del tiempo, pensamiento sistémico.

***Tips* para ser jefe líder:**

- Asuma la planeación del trabajo de manera periódica, por ejemplo, en forma diaria o semanal, de acuerdo con su conveniencia y verifique el cumplimiento de los planes con sus tiempos reales de ejecución.
- Establezca prioridades para atender las actividades pendientes.
- Mantenga el aseo y el orden en el puesto de trabajo.

6.2 Manejo de la intuición

Algunas veces se escucha decir cosas como: "Me late que…", "tengo un presentimiento sobre eso…", "algo me dice que…", "tengo una corazonada", "esa persona me da mala espina", para indicar que se está ante un curso de acción que se debe tomar, para el cual si bien se tiene la información objetiva de soporte para decidir de manera racional, se opta por una decisión subjetiva, nacida de un pálpito o corazonada. A este tipo de situación, conocida también como sexto sentido, se enfrentan con relativa frecuencia los jefes. Pero, llámese como sea, no es posible ignorar el valor de esa alerta interna que ayuda a evitar peligros o dar con soluciones a veces difíciles de encontrar de manera racional.

En ocasiones, este proceso de razonamiento inconsciente está asociado a la capacidad de algunos jefes para presentir algún acontecimiento, anticipar lo que puede venir o, por lo menos, para percibir lo que otros no logran intuir.

Aunque algunos jefes no quieren darse cuenta de ello, la intuición es la base de un número considerable de las decisiones. A veces, lo que se considera como una intuición es en realidad una decisión basada en emociones, señales o conocimientos que no siempre se recuerdan en el momento de optar por una alternativa.

Competencias asociadas:

Aprendizaje, autocontrol, creatividad e innovación, integridad, manejo de la información, orientación a resultados, organización del trabajo, planeación, profesionalidad, toma de decisiones, pensamiento sistémico, trabajo en equipo, uso del tiempo, pensamiento sistémico.

***Tips* para ser jefe líder:**

- El desarrollo del poder intuitivo le servirá para tomar decisiones acertadas que, si bien no tienen la apariencia de lógicas, pueden salvarle de consecuencias funestas.
- Tenga en cuenta que la intuición es un gran aliado suyo, pero no siempre debe sustituir el pensamiento racional, la información documentada y la observación de los hechos.

6.3 Dirección sistémica

Algunos de los modelos actuales de gerencia enfatizan en la especialización de funciones que divide la empresa en lo que puede denominarse torres de Babel. Las áreas especializadas, como producción, finanzas, mercadeo, tecnología de información, talento humano hablan cada una un lenguaje particular y se concentran en lo suyo. Esta falta de contacto entre las áreas misionales y de sinergia hace que ninguna comprenda el papel de las demás, y menos el de la empresa como un todo. Como es natural, algunos miembros de la organización son proclives a ignorar, y hasta menospreciar, los departamentos o áreas que no conoce.

La carencia de concepto de gerencia total hace que las empresas no se desempeñen a la altura de las necesidades actuales, donde se necesita mucha sinergia. Las raíces del problema están en varias fuentes, como:

- La formación universitaria en ciencias administrativas suele enseñar las bases de gerencia agrupando las funciones por compartimientos inconexos y estancos: bloques temáticos de producción, finanzas, administración, mercadeo, etc. Además, en los programas académicos de áreas diferentes a las administrativas, la gerencia brilla por su ausencia. Al final del pregrado se suelen ofrecer ciclos de profundización para optar al título profesional con un énfasis específico.

De esta manera, los egresados se lanzan al mercado sin tomar en cuenta la visión global de la empresa, como tratar de entender que una política financiera de reducir gastos de funcionamiento recortando la nómina puede afectar el ambiente organizacional.

Un poco más adelante, o tal vez enseguida, adelantan una especialización, que puede conducir a un etiquetamiento con mayor intensidad en la que se ve la carencia de visión global de la organización.

- En ciertos casos, el sesgo del jefe por una determinada función se debe a su trayectoria laboral enmarcada en un solo campo de acción, y por tanto de visión insular, que lo puede limitar para desempeñarse con una visión panorámica e integradora.

- Fuera de las áreas funcionales, hoy es usual que las empresas tengan divisiones, que manejan con relativa independencia algún producto, cliente o territorio.

- A nivel de cada dependencia específica también se observa cómo algunos jefes se enmarcan exageradamente dentro de un campo determinado. Por ejemplo, un director financiero puede tener preferencia marcada por la gestión presupuestal, en detrimento de las restantes actividades como contabilidad, tesorería, inversiones, cartera, costos.

Para enfrentar el problema de falta de gerencia total o visión sistémica, usted puede acudir a estrategias como:

- Tomar conciencia de que la empresa es una sola e indivisible por fronteras funcionales, al igual que el equipo de trabajo.
- Bajo un esquema participativo tipo matricial, **compartir la gestión** de las diferentes unidades de trabajo y actuar como equipo organizacional, sin fraccionamientos.

- Acudir al concepto de clientes internos, en donde se entiende que cada área es un eslabón dentro de la cadena de satisfacción de ellos, lográndose que la misión de cada área sea la satisfacción de sus propios clientes y los de las demás. Así, cada unidad sale de su encasillamiento y marginamiento en busca de un acuerdo sobre lo que cada una espera de las otras y lo que debe recibir de cada una.
- Utilizar el mecanismo de rotación de puestos.
- Emplear la planeación estratégica, donde se estudian aspectos de la organización.
- Aplicar la gestión por procesos que permita ver el papel que cada uno cumple en la cadena de valor.
- Usar sistemas de información compartida.

Competencias asociadas:

Pensamiento sistémico, planeación, organización del trabajo, profesionalidad, toma de decisiones, trabajo en equipo, integridad, autocontrol, comunicación, creatividad e innovación, manejo del cambio.

***Tips* para ser jefe líder:**

- Considere su desempeño por su visión total y amplia de la organización y de los procesos a su cargo, descartando el alcance limitado de cada esfera de acción.
- Tenga claro que no puede concebir actividades de primera y de segunda categoría, con estigmatizaciones, prejuicios y compartimentos aislados.
- Aplique estrategias como las que se describen un poco antes para afianzar la visión sistémica de la empresa y del equipo de trabajo.

6.4 Toma de decisiones

Uno de los grandes atributos del jefe es la acertada toma de decisiones y la forma de asegurar que ellas se ejecuten. Algunas tienen escaso impacto en la empresa, el personal y la clientela; estas decisiones se adoptan con rapidez. Otras, por el contrario, son estratégicas y tienen un efecto a largo plazo en los ambientes indicados; ellas requieren mayor esfuerzo de análisis y deliberación y no deben tomar en forma precipitada. Entre este rango de decisiones, se ubican otras.

En el acto de decidir influyen factores que definen un estilo propio en este campo de actuación del jefe, como: la personalidad, los antecedentes como subalterno, el tipo de la formación profesional, el historial familiar, la etnia, la salud mental y física, la figura de los jefes anteriores y los actuales, la formación gerencial que haya recibido, entre otros.

A pesar de ser conscientes de que la toma de decisiones constituye una parte muy importante del trabajo cotidiano del jefe, buena parte de quienes son promovidos a posiciones de mando tienen poca o ninguna experiencia y formación en este arte.

La adopción de decisiones resulta estresante para las personas que son conscientes del reto de dirigir personas. El estrés aumenta si hay preocupación adicional debido a la dificultad de revertir las decisiones en caso de ser necesario.

Al desarrollar la destreza en la toma de decisiones, se debe utilizar el estilo apropiado para cada situación, debiendo señalarse que no existe un estilo único que sea eficaz en todos los casos. Se adoptan algunas decisiones en las que se consulta a los subalternos, colegas y superiores. Otras decisiones, las toma el jefe de manera autónoma.

Cuando se habla con las personas respecto de un problema, en algunas ocasiones se pide únicamente información y en otras se solicitan sus recomendaciones. Sin embargo, en la medida en que se facilite la consulta del equipo de trabajo, probablemente la decisión será más acertada y motivadora y constituirá una fuente de crecimiento profesional y laboral.

En este tema, se suele afirmar que existen tres clases de jefes: los que hacen que las cosas pasen, los que observan entretanto suceden los hechos y los que no saben lo que está ocurriendo.

Un jefe líder cuando toma decisiones suele distinguirse por lo siguiente:

- Tiene certeza sobre lo que debe hacerse.
- Posee claridad sobre el alcance de la decisión.
- Aprovecha los conocimientos y experiencias de los demás para decidir de forma adecuada.
- Es optimista, seguro, y está dispuesto a correr riesgos calculados para alcanzar los resultados previstos.
- Aplica un procedimiento estándar para tomar decisiones: conocimiento y análisis del problema, formulación de alternativas de solución, selección y aplicación de la mejor opción, seguimiento y evaluación de los resultados.
- Sabe qué recursos se requieren para materializar la decisión y cómo obtenerlos.
- Presta atención a la experiencia, la cual le indica que en ocasiones es preferible postergar una decisión a tomarla cuando se está en desbalance emocional. Las decisiones adoptadas solamente con base en la emoción nunca son tan buenas como las que se adoptan con ayuda del raciocinio, de la reflexión lógica e información completa y veraz.

Competencias asociadas:

Aprendizaje, autocontrol, comunicación, creatividad e innovación, delegación, ejercicio del mando, integridad, manejo del cambio, manejo de la información, negociación, orientación a resultados, organización del trabajo, planeación, profesionalidad, pensamiento sistémico, uso del tiempo, trabajo en equipo.

***Tips* para ser jefe líder:**

- Asegúrese de pensar las cosas con calma y concéntrese en lo que necesita decidir y eche a andar la decisión adoptada, haciendo el seguimiento correspondiente.
- Tenga en cuenta los factores externos o inmanejables que afectan la toma de las decisiones.
- Su estilo a la hora de tomar decisiones debe concordar con la naturaleza de la decisión
- Asuma las consecuencias de las decisiones que tome.

6.5 Cómo impartir órdenes a los subalternos

En el ejercicio cotidiano de la jefatura, constantemente se están dando órdenes. De hecho, el jefe no siempre tiene el mismo estado de ánimo para ejercer el mando, ni el personal a su cargo la misma disposición para aceptarlo. Por ello, suelen presentarse algunos conflictos entre quien dirige y los que son dirigidos, causados por aspectos tan sencillos como el tono de voz, el estilo del jefe, los gestos empleados, el momento escogido, el medio o canal utilizado, etc.

El esfuerzo en el manejo de las órdenes se acrecienta ante las diferencias e intereses individuales, lo cual torna aún más complejo este proceso de dirección que aparentemente no tiene mucha importancia, pero que impacta significativamente en el ejercicio diario de la autoridad y ponen a prueba la capacidad de mando del jefe.

Existen instrucciones que se imparten por distintos canales, como: telefónico, internet, intranet, presencial, WhatsApp, escrito, a través de terceros, donde se debe dar mucha importancia al receptor de la orden, el tiempo disponible y la tarea por ejecutar. Algunos subalternos prefieren determinado tipo de canal para recibir las órdenes.

Tenga en cuenta que impartir órdenes es un aspecto fundamental en sus relaciones con el personal a cargo, como puede ver siguiendo los pasos que a continuación presentamos:

1) Al preparar la orden:

- Analice el trabajo que debe ejecutar el subalterno, preguntándose: ¿En qué consiste? ¿Cuál es su objetivo? ¿Para quién es? ¿Qué habilidades demanda? ¿Cómo se relaciona con otras actividades? ¿Cuál es el grado de complejidad? ¿Dispone el empleado del tiempo y de los recursos necesarios? ¿Cuánto sabe el trabajador al respecto?
- Escoja el momento oportuno y defina el tiempo que requiere la sesión de instrucciones que conlleva la orden.
- Tenga en cuenta su estado de ánimo y el del trabajador.
- Seleccione un lugar apropiado, procurando la privacidad adecuada.
- Prepare la información que se va a manejar y los elementos necesarios, como cuadros, planos, guías.
- Determine el grado de detalle de las instrucciones, teniendo en cuenta las competencias del subalterno, su conocimiento y experiencia, y lo qué espera que haga.

2) En el momento de impartir la orden:

- Procure que el subalterno se sienta bien y trate de despertar su interés por la tarea que va a desarrollar.
- Explique el propósito y alcance del trabajo, su importancia y su relación con otras actividades de la organización.
- Indague con empleado el apoyo y conocimientos adicionales que requiere.
- Repase las instrucciones iniciales para asegurar que se ha comprendido a cabalidad la orden.
- Sea claro y sencillo.

- Transmita la instrucción de manera apropiada. Las personas olvidan rápidamente cuando reciben mucha información al mismo tiempo. Los apuntes del empleado constituyen una gran ayuda para recordar las instrucciones impartidas.
- Solicite al colaborador que describa las acciones que se dispone a emprender, el resultado esperado, la fecha de entrega y las condiciones de esta, lo mismo que el informe si éste es necesario.

3) Al monitorear la ejecución de la orden:

- No basta que imparta instrucciones con la pretensión de que las cosas se hagan según lo previsto. Es necesario que monitoree la ejecución de las órdenes en términos de calidad (cumplimiento de especificaciones), oportunidad (fecha prevista de entrega), cantidad (número) y lugar de cumplimiento o entrega.
- Comunique al subalterno que cuenta con su apoyo en las dificultades y que monitoreará la ejecución de la tarea asignada.
- Verifique el grado de avance del trabajo y el cumplimiento del cronograma.
- Retroalimente los resultados parciales y totales alcanzados, procurando siempre potenciar al trabajador a través del aprendizaje derivado de los errores.

Es importante que considere algunos elementos primordiales al dar órdenes, como:

- Trabajo factible de realizar, es decir, que esté dentro las posibilidades físicas e intelectuales del ejecutante, ya que existen actividades de alta complejidad y riesgo.
- Tiempo objetivamente determinado para llevar a cabo la tarea asignada, con posibilidades de ajuste hacia una mayor o menor duración.
- Tener en cuenta que cada subalterno es diferente y posee diversas motivaciones, competencias, experiencias y, por tanto, las actitudes no son iguales.

- Disponibilidad de información y recursos para ejecutar la tarea.

COMPETENCIAS ASOCIADAS:

Aprendizaje, autocontrol, comunicación, creatividad e innovación, delegación, ejercicio del mando, integridad, manejo del cambio, manejo de la información, negociación, orientación a resultados, planeación, profesionalidad, uso del tiempo.

***Tips* para ser jefe líder:**

- Siga el procedimiento establecido para impartir órdenes, teniendo en cuenta las tres etapas planteadas.
- Considere en el receptor de la orden aspectos como la experiencia, los estudios, la actitud, la antigüedad en el cargo, el género, los intereses personales, la edad.
- Seleccione con cuidado el medio o combinación de medios, no sólo para impartir la orden sino para hacer su seguimiento.

6.6 Cómo delegar

¿Cuántas veces a la semana, usted trabaja más horas de las que establece la jornada laboral?, ¿le quedan actividades pendientes para el otro día y siempre está agobiado por las tareas?, ¿no logra descansar lo suficiente cuando llega a casa porque piensa todo el tiempo en lo que dejó de hacer? Pues bien, la mayoría de los jefes responden a estos interrogantes con un sí, y lo peor de todo es que a veces no saben qué hacer para que esto no ocurra.

Al pensar en los jefes líderes como personas con habilidades para resolver problemas, se debe insistir en que ellos no tienen por qué cargar con la responsabilidad de resolver por sí solos todos los problemas; más bien, deben acudir a los miembros del equipo para desarrollar ciertas tareas.

Una acción importante que puede ayudarle a mejorar este aspecto inadecuado de su desempeño es el fortalecimiento del método de delegación y de distribución de las cargas de trabajo. A veces, esto resulta difícil porque va a pensar si los subalternos van a cumplir, ya que no puede cargar solo con todas las responsabilidades laborales o asumir aquellas que no son de su esfera de acción y pueden ser compartidas por algunos integrantes del equipo de trabajo.

La delegación es el arte de hacer que se cumpla una tarea por la persona idónea para realizarla, dentro del tiempo previsto y haciendo uso de los recursos disponibles, los procedimientos y las normas preestablecidas. Con ella se logra que un subalterno tome decisiones por su cuenta, ya que asume autoridad formal o poder legítimo y la responsabilidad para desempeñar actividades específicas.

En el proceso de delegación se manifiesta el empoderamiento, a través del cual se desplaza el poder de la posición al personal, logrando que los subalternos asuman roles de liderazgo que contribuyan con lo mejor de sus capacidades, buscando que todos se comprometan en la innovación y el mejoramiento de los procesos, la calidad, la productividad y los productos. Esto supone que hay un líder en cada persona.

Al delegar, es necesario **que acuerde** con el colaborador lo siguiente:

- La naturaleza y alcance de la actividad que se va a delegar.
- Los resultados esperados.
- El cronograma de trabajo.
- El grado de autoridad que se necesita para llevar a cabo la actividad.

Entre los **factores clave** que puede considerar en el proceso de delegación, vale la pena mencionar:

- Establecer con claridad qué se sabe del colaborador en términos de realizaciones.
- No solo delegar lo malo o difícil, reservándose para el jefe el trabajo bueno o interesante.
- Delegar una actividad completa y no solo una parte de ella.
- Especificar los resultados esperados del colaborador.
- Una transferencia gradual de responsabilidades permitirá al jefe y a sus colaboradores aprender lo que ello implica.
- Identificar a la persona más capaz según los requerimientos de competencias, actitud, experiencia y conocimientos, indagando además si posee la salud, motivación y el tiempo necesario.
- Cada acto de delegación conlleva restricciones y límites. A pesar de que se delega con autoridad para actuar, no se delega una autoridad ilimitada, sólo en algunas cuestiones y dentro de determinados parámetros.
- Informar a los demás miembros del equipo de trabajo que se ha realizado una delegación, aclarando la tarea, autoridad y alcance.
- Monitorear el avance de las tareas delegadas, con el fin de detectar cualquier problema importante o incumplimiento de los requisitos determinados.
- Plantear con claridad qué es lo que se espera que haga el subalterno y, una vez que haya delegado, confiar en él.
- Estar preparado para intervenir, en caso necesario, ya que las tareas delegadas pueden verse afectadas cuando los recursos son insuficientes o cuando la persona asignada se enfrenta a la oposición de otros.
- Hacer de la delegación una práctica constante, no sólo en épocas de crisis y urgencias.
- Al delegar, acordar claramente con el subalterno asuntos tan importantes como: La naturaleza y el alcance de la actividad que se va a delegar, los resultados esperados, el cronograma de trabajo, el grado de autoridad que se necesita para llevar a cabo la actividad delegada.

Competencias asociadas:

Aprendizaje, autocontrol, comunicación, creatividad e innovación, delegación, ejercicio del mando, integridad, manejo del cambio, manejo de la información, negociación, orientación a resultados, planeación, profesionalidad, uso del tiempo.

***Tips* para ser jefe líder:**

- Revise su procedimiento actual de delegación y proceda a efectuar los ajustes, de tal manera que se convierta en un recurso de dirección para obtener mejores resultados y motivación en el equipo de trabajo.
- No intente ser imprescindible. Crea en su equipo, y forme al personal para que lo pueda sustituir y ejecutar el trabajo en ausencia suya.
- Una vez que haya entrenado a una persona para desempeñar una labor, deje que realice esa función sin interferencias.

6.7 "¿Al jefe le toca todo?"

Claramente, no. El jefe no es un receptáculo de todos los problemas del equipo de trabajo. Tolerar o propiciar que los subalternos se acerquen a él con todo tipo de inconvenientes lo convierte en el comodín que soluciona los diferentes asuntos, aun cuando no le corresponda.

El jefe líder no teme a no saberlo todo o no saber algo, aún más en esta época de explosión de la información y del conocimiento. "No sé" es una expresión de gran significado frente a problemas que efectivamente no tiene que atender el jefe, o no está en capacidad de hacerlo.

Un mejor proceder puede ser aquel en que se le dice al subalterno: "¿usted qué haría en este caso?, piense en la solución y luego hablamos". Poco a poco se va desterrando la idea de que el jefe debe resolver todo y, particularmente, asuntos que son de la esfera propia de los subalternos. Con el tiempo, el empleado fortalece sus facultades pensantes y su actitud respecto a las dificultades del trabajo y no se acerca al puesto del jefe con problemas sino con soluciones.

Cuando los subalternos atiendan por sí solos las situaciones problemáticas en que están involucrados hará que, con el tiempo, ellos:

- Dependan menos del jefe y por tanto éste no deba estar apagando incendios de otros.
- Adquieran seguridad y confianza en sí mismos.
- Desarrollen capacidades para resolver los problemas con poca ayuda del jefe, o mejor, sin ella.
- Fortalezcan su liderazgo.

Competencias asociadas:

Aprendizaje, autocontrol, creatividad e innovación, delegación, ejercicio del mando, integridad, manejo de la información, negociación, orientación a resultados, planeación, profesionalidad, uso del tiempo.

***Tips* para ser jefe líder:**

- Evite que los subalternos le endosen la solución de los problemas y retos que ellos deben atender. Fórmelos para que ellos mismos los resuelvan y con ello logren su desarrollo.
- Frente a los problemas que deban resolver los subalternos, actúe de manera razonada, honesta, equilibrada y directa.

6.8 Las nuevas tecnologías en la vida del jefe

La tecnología es el recurso de más auge e innovación actual a disposición del jefe, quien en muchos casos delega su uso en otras personas, argumentando razones como la edad, los estudios adelantados, la falta de tiempo, la carencia de habilidades.

En otros casos, el fenómeno se manifiesta de manera inversa: el jefe es absorbido literalmente por las nuevas tecnologías, particularmente las de la información y la comunicación, dando paso a una de las adicciones compulsivas de las que cuesta trabajo liberarse: Redes sociales, internet, WhatsApp, el celular.

Con frecuencia se observan jefes que rehúyen el trato con los subalternos y aun con su familia por estar al frente del computador, participando en las redes sociales, hablando o enviando mensajes por el celular, escuchando música con auriculares, de manera compulsiva. Estar "in" en el uso de las tecnologías de punta parece ser la consigna ansiosa de algunos jefes en la actualidad, resultando en una verdadera adicción de la cual difícilmente se pueden liberar.

Competencias asociadas:

Aprendizaje, autocontrol, creatividad e innovación, delegación, manejo de la información, negociación, orientación a resultados, planeación, profesionalidad, uso del tiempo, Pensamiento sistémico, manejo del cambio.

***Tips* para ser jefe líder:**

- Haga uso inteligente de la tecnología, evitando ser absorbido por ella y esclavizándolo.
- Considere la tecnología como un medio y no como un fin.

6.9 La gestión del conocimiento

Las empresas han venido incorporándose a un proceso de globalización a través de las nuevas tecnologías de la información y la comunicación; su resultado es el aumento desmesurado de información difundida por diferentes sistemas y medios, siendo la más notable, internet.

La gerencia del conocimiento a cargo del jefe consiste en un proceso sistemático de detectar, seleccionar, filtrar, organizar, presentar, usar y actualizar la información derivada de los integrantes del equipo de trabajo, con el objeto de explotarla colectivamente y canalizarla hacia el fortalecimiento de las competencias individuales, colectivas y un clima organizacional y laboral positivo. Este proceso implica la captura de la información, su transformación en conocimiento utilizable, su difusión por diferentes medios y la facilidad en su aplicación.

La gestión del conocimiento se centra, de manera fundamental, en incrementar y compartir la información del equipo de trabajo mediante una especie de "comunidad del conocimiento", considerada como una estrategia para participar y transformar los saberes, a través de información, reflexiones, ideas, experiencias, con las siguientes finalidades:

- Socializar el conocimiento.
- Compartir ideas.
- Ayudarse entre sí para resolver problemas y conseguir innovaciones.
- Desarrollar una orientación común.
- Acumular el conocimiento.
- Desarrollar y gerenciar mejores prácticas.
- Propiciar el desarrollo humano.

Competencias asociadas:

Aprendizaje, creatividad e innovación, integridad, manejo de la información, negociación, orientación a resultados, planeación, profesionalidad.

***Tips* para ser jefe líder:**

- Asocie personas, procesos y tecnologías de la información para lograr una buena gestión del conocimiento.
- Sea líder del conocimiento; genere, transforme, incremente y comparta información.
- Haga un buen uso de las técnicas empleadas para incrementar y socializar el conocimiento.
- Documente las experiencias del equipo de trabajo y de cada uno de sus integrantes y compártalas.

6.10 Manejo del cambio

El mundo de la empresa y el trabajo no son estáticos, por el contrario, están sometidos continuamente a cambios cada vez más rápidos y profundos. El cambio siempre ha formado parte de la condición humana, y tras de ella, de las organizaciones.

Esta dinámica permanente forma parte de la gestión de todo jefe, lo que le exige estar siempre dispuesto a adaptarse con rapidez a las modificaciones del entorno, o mejor anticiparse a ellas, diseñando e implementando estrategias apropiadas para su manejo eficiente, incluido la resistencia al cambio como fenómeno natural inherente a todo individuo y grupo. Esta oposición puede adquirir visos negativos fuertes tendientes a desacreditar, retardar o impedir las transformaciones en la organización, mediante **comportamientos** como:

- Cuestionamiento recurrente, a veces con generación de rumores o chismes.
- Desgano por el trabajo, ante incertidumbre del cambio.
- Ausentismo del lugar de trabajo y aun de la empresa.
- Indiferencia ante las innovaciones.
- Inseguridad ante lo nuevo o lo desconocido.
- Evocación nostálgica de situaciones anteriores. "Todo tiempo pasado fue mejor" es la expresión popular que muestra cómo las personas se aferran al pasado.
- Vaticinio de infortunios con el cambio.
- Búsqueda de protección acudiendo a personas influyentes dentro o fuera de la empresa, ante el temor de la pérdida del empleo.
- Negación al cambio, prefiriendo eludirlo a cualquier precio, con solicitudes de traslado de dependencia y aun presentación de renuncia al cargo.

La resistencia al cambio tiene sus **orígenes**, que usted debe evaluar en el equipo de trabajo para emprender el proceso de su manejo de la mejor manera posible:

- El cambio no ha sido debidamente explicado a quienes serán afectados por él.
- Las personas involucradas en el cambio no vislumbran sus beneficios.
- Se considera que los cambios sólo representan más trabajo y problemas.
- Los subalternos piensan que el cambio es un indicio de su mal desempeño.
- El cambio se hace más por razones personales que organizacionales.
- El cambio requiere que se adopten nuevos hábitos de trabajo o que se adquieran nuevas habilidades.
- El temor por fallar en el empleo de nuevos sistemas o en el desarrollo de procesos diferentes.
- Sensación de pérdida de poder y de imagen, derivados de las modificaciones.

- Ausencia de comunicación respecto al cambio, sorprendiendo al personal con las innovaciones.
- Falta de claridad acerca de la naturaleza y propósito de los cambios.
- Miedo al fracaso ante las nuevas responsabilidades.
- Presión excesiva para lograr el cambio.
- Falta de capacitación sobre el proceso de cambio y los resultados esperados.
- Problemas de liderazgo, al seleccionar erróneamente a los responsables del proyecto de cambio.
- Los empleados intuyen situaciones peores, como parte de su angustia.
- El cambio puede modificar o incrementar las cargas actuales de trabajo.
- No se cuenta con el tiempo suficiente para asimilar y aplicar los cambios.
- El cambio solo beneficia a unos pocos o a la empresa.
- Se considera que todo está perfecto. El cambio proyectado no se requiere y por tanto las cosas como están pueden continuar.
- Creencia en que la nueva situación conlleva un recorte de personal.

Como agente de cambio, usted puede asumir uno o varios de los siguientes **roles**:

a) Promotor y facilitador: Impulsa y apoya desde el principio el proceso de transformación.

b) Creador y planificador: Concibe y articula los diferentes componentes de la iniciativa de cambio dentro de un plan de acción.

c) Iniciador de las modificaciones: Expresa de manera explícita la necesidad de emprender acciones para introducir un cambio y suscita el interés por parte del equipo involucrado.

d) Ejecutor: Pone en marcha los detalles de un plan de acción previamente elaborado.

e) Evaluador: Recibe el encargo o toma la iniciativa de evaluar la implementación del cambio.

En cuanto a las estrategias para mitigar la resistencia, puede emplear una o varias de las siguientes:

- Admitir posibilidades de ajustes al cambio propuesto.
- Lograr que las personas tomen parte activa en la nueva situación.
- Someter el cambio a prueba antes de introducirlo en forma definitiva.
- Preferiblemente cambiar sólo un aspecto a la vez y cerciorarse de que el proceso sea medible con el fin de evaluar sus efectos.
- Evitar la presentación o venta a los subalternos de planes completamente elaborados. Es preferible presentar la situación que necesita ser modificada y permitir que las personas implicadas participen en el proceso de cambio.
- Escoger el momento apropiado que facilite la aceptación del cambio. En épocas de negociación colectiva, fusión de la empresa, navidad, cambio de gerente, no es apropiado hablar de cambio, porque el grado de acogida de este puede ser mínimo.
- Evitar la improvisación en la preparación, ejecución y evaluación del cambio.
- Capacitar y comunicar el cambio, para facilitar su asimilación y desarrollo.
- Estar atento para detectar oportunamente las dificultades en el proceso.
- Tratar de que los cambios complejos se ejecuten por etapas, incluyendo un período de evaluación al final de cada una.
- Asegurar que la participación y el compromiso del personal estén claramente definidos.
- Explicar de manera convincente a los empleados la necesidad del cambio, exponiendo aspectos como la presión de la competencia, surgimiento de nuevos procesos y tecnologías, pérdida de ventas, etc.
- Prever los riesgos a corto, mediano y largo plazo.

Competencias asociadas:

Aprendizaje, autocontrol, comunicación, delegación, ejercicio del mando, manejo de la información, negociación, organización del trabajo, planeación, profesionalidad, toma de decisiones, trabajo en equipo, uso del tiempo, pensamiento sistémico.

***Tips* para ser jefe líder:**

- Asuma con la mayor profesionalidad el rol o roles que le correspondan en el proceso de cambio.
- Aprópiese del proceso de cambio en su totalidad, para buscar la garantía de su mayor cumplimiento.
- Emplee las estrategias apropiadas para mitigar la resistencia al cambio.
- Sea muy prudente al introducir cambios en el funcionamiento interno del equipo y en sus tareas.

6.11 Manejo de las reuniones

Las sesiones de trabajo no han gozado de prestigio en el mundo laboral. La mayor crítica es la pérdida de tiempo, pues conllevan el manejo de numerosos temas y después de largas discusiones no se concluye nada, o no se cumple lo acordado. Además, las reuniones pueden permitir a algunos participantes lucirse con protagonismo, tornándolas tediosas, indeseables, e incluso innecesarias.

Sin embargo, en las empresas no puede prescindirse de las reuniones por el hecho de que se presenten fallas en su planeación, desarrollo y control de las actividades que en ellas se acuerden. Por el contrario, pueden revestir una gran importancia dentro de la dinámica organizacional, ya que:

- Son una fuente de aprendizaje.
- Facilitan el logro de acuerdos.
- Promueven las relaciones humanas directas.
- Aclaran dudas y posiciones.
- Permiten la comunicación directa con los equipos de trabajo.
- Mejoran el análisis de los problemas y la calidad de las decisiones.
- Fomentan el trabajo en equipo.
- Contribuyen en la planeación y evaluación de la gestión.
- Aportan en la solución de problemas.
- Permiten el intercambio de experiencias y conocimientos.
- Son un mecanismo para informar al equipo de trabajo.
- Facilitan el control de programas, proyectos y actividades.

Para que las reuniones cumplan sus objetivos y se aprovechen sus ventajas, conviene que se verifiquen los siguientes aspectos:

- Un propósito claro.
- Preparación cuidadosa.
- Convocatoria con la suficiente anticipación.
- Participación limitada a las personas interesadas en los asuntos que se discuten.
- Preparación de los asistentes a través del suministro de información adecuada para el estudio de los asuntos y la toma de decisiones.
- Orden del día predeterminado y con desarrollo ordenado.
- Preparación de las ayudas para la presentación (computador, *video beam*, etc.) y definición del responsable, así como del lugar de la reunión.
- Control del tiempo de exposición de cada participante y de la propia reunión.
- Adopción de decisiones y celebración de acuerdos.
- Registro de la reunión en memorias o actas.
- Convocar a quienes realmente se necesita que asistan.
- Dar a conocer las actas.
- Tratar asuntos pertinentes.
- Formulación de conclusiones.

- Abstenerse de citar a reuniones de desayuno o almuerzo, antes de la jornada laboral o a su terminación.
- Empezar a tiempo y terminar a tiempo.
- Evitar las interrupciones durante la sesión.
- Considerar la utilización de sesiones virtuales

Competencias asociadas:

Autocontrol, comunicación, delegación, ejercicio del mando, manejo de la información, negociación, organización del trabajo, planeación, profesionalidad, toma de decisiones, trabajo en equipo, uso del tiempo, pensamiento sistémico.

***Tips* para ser jefe líder:**

- Logre que las reuniones sean altamente productivas y para lo estrictamente necesario.
- Modere directamente la reunión o escoja a alguien idóneo en este tema.
- Si puede decidir directamente algún asunto, hágalo directamente y evite una reunión.
- Siga el procedimiento y el protocolo de las reuniones.

Capítulo 7

El comportamiento social del jefe

"El comportamiento humano se deriva de tres fuentes principales: el deseo, la emoción y el conocimiento "
(Platón)

Los subalternos tienen el ojo puesto en el jefe, algo que no se puede ignorar. Ello obliga a cuidar el comportamiento, con las palabras utilizadas, la actitud y la forma de tratar de manera cotidiana. Esa mirada define aspectos clave como la credibilidad, la humildad, la compostura social dentro y fuera de la empresa. Ser un gran ejemplo de compostura, la consigna.

Toda persona que tenga posición de mando siempre es motivo de observación en todo lo que hace. Ciertos comportamientos del jefe pueden resultar de buen recibo por algunos subalternos, pero no para otros. Pretender satisfacerlos a todos puede resultar una utopía, pero es cierto que se debe actuar dentro de ciertos cánones de comportamiento que sirvan de referencia positiva y un modelo a seguir

Los jefes tienen la obligación de formar los jefes del futuro –nada mejor que el ejemplo-- y para ello deben hacer las cosas lo mejor posible y tener un comportamiento que no deje nada que desear.

7.1 La soledad del jefe

El jefe es un ser social que requiere de los demás –familia, equipo de trabajo, colegas, grupo social– para llevar una vida satisfactoria. Estas relaciones le permiten cubrir sus necesidades de afecto, potenciar su desarrollo personal, así como afianzar y revalidar su autoestima.

Sin embargo, hay ocasiones en que la soledad invade a los jefes, como les ocurre a los comandantes, ministros, gerentes, directores, jefes de sección. Por esa realidad pasan todos, sobre todo cuando hay problemas serios por resolver y no cuentan con personas de respaldo para apoyarlos en la solución de las dificultades.

La soledad es una sensación de aislamiento o desamparo normal que en ciertos momentos acompaña al jefe, generándole angustia y malestar, a pesar de encontrarse rodeado de su equipo de trabajo. Esta situación puede ser circunstancial; sin embargo, cuando persiste indica problemas de comunicación originados normalmente por errores de desempeño del jefe o problemas personales, minando su liderazgo.

La percepción de soledad se vive cuando los subalternos rehúyen la presencia del jefe o éste se aleja de ellos, produciéndose relaciones insatisfactorias. Este cortocircuito genera sentimientos parecidos a la depresión o ansiedad, pues el jefe vive nervioso, ido, carece de vitalidad y siente un vacío interno, sin encontrar explicaciones a lo que le está pasando, justificándose con planteamientos como: "a mí nadie me entiende", "sólo les intereso cuando me necesitan".

COMPETENCIAS ASOCIADAS:

Aprendizaje, autocontrol, comunicación, convivencia, ejercicio del mando, integridad, manejo del cambio, motivación, profesionalidad.

***Tips* para ser jefe líder:**

- Reflexione sobre la soledad por la que está pasando y a qué circunstancias se debe y busque la manera de contrarrestarla.
- Acepte como un hecho normal que se presenten ciertos episodios pasajeros de soledad, que no tienen que alterar la cotidianidad de su desempeño.
- Evite encerrarse en sí mismo cuando tenga una fuerte sensación de soledad que persiste, ya que puede desencadenar en problemas mentales y afectar su desempeño; buscar ayuda profesional es la alternativa.

7.2 Ser humilde

Algunos jefes creen que la humildad significa actuar como si valieran menos que sus colegas o los integrantes de su equipo de trabajo, su estatus estuviera por el piso y sus logros carecieran de valor. De acuerdo con este punto de vista, el jefe humilde es aquél que rechaza el reconocimiento porque cree que no lo merece, ni siquiera cuando hace algo sobresaliente. Esta manera de pensar carece de sentido, ya que ser humilde no significa ser menos o inferior; en realidad, es aceptarse a sí mismo, con sus fortalezas y debilidades.

Como valor clave para todo jefe, la humildad tiene algunos alcances, como:

- No sentirse por encima de los demás.
- Capacidad de conocer las propias limitaciones y debilidades, valorándose en su justa medida, lo cual hace más fácil enfrentar las críticas constructivas.
- Comprender la dignidad de toda la persona.
- Valorar el trabajo y el esfuerzo de los demás.
- Actuar con modestia, sobriedad, sencillez y mesura, lo cual implica dejar a un lado la ostentación y la arrogancia en cualquiera de sus formas.
- Percibir las relaciones sociales desde la igualdad.
- Escuchar a los demás y tomar en cuenta sus opiniones;
- Abstenerse de presumir de lo que se sabe, de lo que hace o de lo que es.
- Demostrar que se tiene mayor disposición a colaborarse mutuamente, tomar decisiones en equipo y compartir información.
- Sentir respeto hacia los demás.
- Reconocen que se tiene valía, sin ufanarse de ella ni pavonearse frente a sus subalternos.

Un jefe líder sabe que no puede lograr las cosas solo y depende de la inteligencia, experiencia, compromiso, participación y, sobre todo, de la motivación de su equipo de trabajo. Por ello, su labor debe estar más dirigida a apreciar las calidades de los miembros de su equipo que a demostrar las suyas.

Competencias asociadas:

Aprendizaje, autocontrol, comunicación, convivencia, ejercicio del mando, integridad, manejo del cambio, motivación, profesionalidad.

***Tips* para ser jefe líder:**

- Tenga presente que toda ostentación genera reacciones negativas y desmotivación de su equipo de trabajo, por lo que debe evitarla.
- Reflexione periódicamente sobre su comportamiento y deténgase en aquellas actitudes que pueden ser muestra de falta de humildad y adelante las acciones correctivas que correspondan.
- Las personas no confiarán en usted si lo ven motivado por el ego o la creencia de que es superior a ellas.

7.3 El autocontrol, un gran principio

Los subalternos sufren conmoción y también ganas de reír cuando observan al jefe descomponerse frente a ellos o en las reuniones de trabajo. Las pataletas, ofensas, palideces, decisiones apresuradas, señalamientos, golpes de escritorio, manoteos, gritos, indirectas, groserías, lamentablemente, están a la orden del día en algunos jefes, cuyo comportamiento pone de manifiesto su incapacidad para manejar las diferentes situaciones laborales sin perder los estribos.

Los subalternos no tienen por qué convertirse en víctimas de estas actitudes que a todas luces desdicen de la capacidad de dirección del jefe, de quien se espera balance emocional, descontando claro está situaciones esporádicas de falta de control.

El jefe es centro de atención permanente de sus subalternos, tanto en su comportamiento laboral como en el social. Como punto de referencia, el personal espera encontrar en él uno de los atributos que mejor distinguen a un buen jefe: el autocontrol, no sólo en el desempeño frente al equipo, sino a nivel emocional.

a) Frente al trabajo, se espera que el jefe cumpla los planes, respete las órdenes impartidas y el horario, maneje acertadamente las crisis, se concentre en sus tareas, mantenga organizado el puesto de trabajo, haga buen uso de las reuniones y tome las mejores decisiones.

b) Respecto a la parte emocional, los trabajadores confían en que el jefe no incurra en actos o situaciones no deseadas como: gritos, chabacanería, maltratos, abusos, alteraciones frecuentes en el estado de ánimo, conflictos permanentes, cambios constantes de opinión, deficiente manejo de la presión.

El autocontrol en el jefe se refiere a su la capacidad para controlar su trabajo, detectar desviaciones y efectuar correctivos para el adecuado cumplimiento de los objetivos y metas que se esperan de su desempeño, de tal manera que la ejecución de los procesos, actividades y/o tareas bajo su responsabilidad se desarrollen con fundamento en las políticas y estrategias de la empresa.

No se puede pretender que el jefe permanezca absolutamente inalterable ante las diferentes situaciones que plantean el mundo laboral y la dirección de un equipo; no obstante, dada su condición de líder, se espera que sea una persona con un buen balance emocional y autorregulado en el trabajo.

Dentro de lo que debe considerar como esencial en la práctica del autocontrol, bien puede contemplar lo que sigue:

- Revise los comportamientos que reflejan deficiencias en su autocontrol personal, tratando de encontrar las causas que generan las conductas inapropiadas (educación, crianza, experiencias, religión, estado de salud, edad, situación económica o familiar, etnia, etc.). Permanezca tranquilo a pesar de la provocación, demostrando así que es un jefe con la madurez suficiente.

- Lleve a cabo un proceso de automejoramiento de las conductas que reflejan la falta de autocontrol.

- Tenga en cuenta que los buenos jefes jamás entran en pánico ni dan espectáculos bochornosos; se mantienen serenos para controlar la situación y solucionar los problemas.

- No descarte la posibilidad de acudir al especialista en busca de ayuda para superar los problemas de autocontrol, si así lo estima necesario.

Competencias asociadas:

Aprendizaje, autocontrol, comunicación, convivencia, ejercicio del mando, integridad, manejo del cambio, motivación, profesionalidad.

***Tips* para ser jefe líder:**

- Esté alerta a sus manifestaciones que evidencian pérdida del balance emocional, analice las causas, frente a quienes ocurre y empiece a corregirlas.
- Si las dificultades en materia de autocontrol persisten, piense en buscar apoyo en personas idóneas que pueden acompañarle en este proceso de ajuste.

7.4 La actitud del jefe

Uno de los factores clave de la conducta del jefe como ser humano es la actitud, que se encuentra vinculada con las percepciones, la personalidad, el conocimiento, la motivación, las emociones; es un estado mental que define las predisposiciones que cada jefe tiene frente a ciertos aspectos del trabajo y las personas que lo rodean, y como tales son determinantes del comportamiento.

Desde un punto de vista dinámico, la actitud puede entenderse como respuesta o reacción frente a ciertas situaciones, un estado de ánimo determinado, una actuación que surge con ocasión de ciertos hechos, que llevan a reaccionar de manera racional o emotiva.

Hoy día se lee y se escucha con frecuencia acerca de la palabra actitud, relacionándola con la posibilidad de alcanzar las metas, el éxito y el progreso; además de todo eso, la actitud es la posición desde la cual los jefes afrontan y responden a cada situación en el trabajo.

En la comunicación cara a cara, la actitud se manifiesta a través de expresiones físicas y gestos como: miradas, posiciones del cuerpo, expresiones faciales, movimientos de las manos, palabras y tonos al hablar.

Las actitudes constan en general de **tres componentes básicos**:

a) Cognoscitivo: Se refiere a las ideas, entendimiento, creencias y conocimientos del jefe con respecto al objetivo de la actitud o la situación.

b) Emotivo: Emociones y sentimientos que experimenta el jefe alrededor del objeto de la actitud y que se expresan en términos tales como "me agrada", "no me gusta", "es ridículo". Concreta los sentimientos acerca de esa situación.

c) Conductual: Corresponde a la predisposición del jefe a actuar de manera determinada frente al objetivo relacionado con la actitud; es lo que va a hacer con respecto a la situación.

El jefe que se distingue por su actitud positiva y vital se reconoce por ciertos tipos de comportamiento, como:

- Disposición al trabajo.
- Buena voluntad.

- Permanente deseo de cooperar.
- Preocupación constante hacia los demás.
- Aporte de ideas y solución de problemas.
- Cuidado de los recursos de la empresa.
- Vitalidad.
- Valores como la honestidad, la responsabilidad, el respeto, etc.
- Estar siempre en ejercicio del mejoramiento personal.

En una empresa cuyos jefes se destacan por tener una actitud positiva es posible observar lo siguiente:

- Trabajo en equipo.
- Respeto colectivo.
- Mejor clima organizacional y laboral.
- Búsqueda permanente de la calidad y la productividad.
- Excelente atención a los clientes.
- Minimización de los riesgos.
- Mayor rentabilidad.
- Motivación del personal.
- Mejor productividad y calidad de los productos y servicios.

COMPETENCIAS ASOCIADAS:

Aprendizaje, autocontrol, comunicación, convivencia, ejercicio del mando, integridad, manejo del cambio, motivación, profesionalidad.

***Tips* para ser jefe líder:**

- Lleve a cabo una revisión de las actitudes que usted registra frente al trabajo, la dirección de su equipo, unas personas en particular y determine objetivamente cuáles de ellas son negativas.
- Conociendo su estado actitudinal, empiece un proceso de ajuste para pasar de menos a más cada actitud que amerite su mejoramiento o erradicación si ello es posible.
- Algunas actitudes suyas pueden revestir cierta gravedad, lo que puede exigir el apoyo profesional para erradicarlas o mitigarlas.

7.5 La controlitis, a la orden del día

Dentro de las equivocaciones que cometen algunos jefes está la de ejercer control de manera permanente e incisiva sobre las personas y sus procesos, tratando de que no escape nada a su observación y supervisión, fungiendo como un espía. En ocasiones, llegan a depender de la información de una persona en particular, con las consabidas consecuencias de esta determinación.

Es universalmente aceptado que el control efectivo debe ser mínimo, serio, de costo razonable, objetivo y orientado a verificar el cumplimiento de los planes, programas y proyectos. De otro lado, la supervisión del trabajo diario debe obedecer a prácticas de confianza en el personal y en observación de conductas como la permanencia en el puesto de trabajo, el uso de los equipos y herramientas apropiadas, el ingreso y salida del trabajo, entre otros, que para nada requieren de paseos constantes y revisión incisiva del avance del trabajo y de informes.

El ejercicio del control en el trabajo va a la par con la planeación, de manera que, si se definen adecuadamente los controles en las proyecciones, se evitará caer en averiguaciones constantes sobre el desarrollo de ellas o en asignar el monitoreo a personas que no tienen por qué hacerlo o usar diferentes mecanismos para la supervisión del trabajo vista como una actividad de espionaje, más que de la verificación razonable técnicamente concebida.

Competencias asociadas:

Aprendizaje, autocontrol, comunicación, convivencia, ejercicio del mando, integridad, manejo del cambio, motivación, profesionalidad.

***Tips* para ser jefe líder:**

- Al elaborar los planes, programas y proyectos, defina los puntos de control y los indicadores.
- Asuma el control como una herramienta administrativa para verificar el cumplimiento de las proyecciones y los procesos.
- Confíe en la responsabilidad de sus colaboradores y aplique los principios y prácticas universales de supervisión del trabajo, sin fustigar a los subalternos.

7.6 Hábitos personales que dejan mal plantado al jefe

Algunos jefes desestiman ciertos hábitos frente a su equipo de trabajo y su vida social con los integrantes de éste, sin observar que para los demás no pasan desapercibidos y desdicen de aquellos que tienen esta forma de proceder.

Existen rutinas desagradables que le crean mala imagen como jefe. Dentro de las más conocidas, figuran:

- Llegar tarde al trabajo.
- Hurgarse la nariz y rascarse partes del cuerpo consideradas íntimas.
- Evadir sistemáticamente a algunas personas.
- Dejadez en la presentación personal.
- Hacer chistes de mal gusto.
- Escapismo frecuente de su oficina.
- Comer en el sitio de trabajo.
- Consumir alucinógenos, licor o cigarrillo en el espacio laboral.
- Sobrepasarse en tiempo y comportamientos en las reuniones sociales con sus subalternos.
- Romances en el trabajo.
- Acoso laboral en sus diferentes formas, especialmente la sexual.
- Masticar chicle.
- Hablar mal de los demás y fomentar los chismes.
- La ostentación en cualquiera de sus formas.
- Pérdida de control emocional, reflejada en gritos, golpes, alteraciones faciales.

Competencias asociadas:

Aprendizaje, autocontrol, comunicación, convivencia, integridad, manejo del cambio, motivación, profesionalidad.

***Tips* para ser jefe líder:**

- Revise la lista de hábitos inconvenientes en los que se esté incurriendo como jefe, tomando como base la que se presenta arriba. A continuación, emprenda una reflexión diaria sobre su ocurrencia, identificando las situaciones en que se registran y ante qué personas, con el objetivo de erradicarlos de una o paulatinamente.

- Recuerde que los subalternos no dicen nada, pero observan y comentan.
- La posición de jefe no da vía a libre a comportamientos impropios de alguien que se supone es un referente de comportamiento social dentro y fuera de la empresa.

7.7 El amiguismo en el trabajo

La amistad juega un papel muy importante en las relaciones del jefe con el personal, pero debe entenderse en su justa medida para evitar sinsabores posteriores. El amiguismo y la conformación de grupos o "roscas" al interior de la dependencia, aceptadas o propiciadas por los jefes, y con las cuales se comparten actividades sociales, recreativas, de capacitación, de distribución del trabajo, es parte del trato que afecta el clima laboral, con impactos negativos en el desempeño del equipo, y claro está en la pérdida de imagen de quien dirige, a quien no se le ve como tal, sino como el superamigo.

A veces se presentan situaciones relacionadas con la amistad que debe evitar para no interferir en el normal desarrollo del trabajo:

- Las confidencias con determinadas personas usualmente terminan en conflictos entre ellas y usted, a veces con daños irreparables.
- Puede darse el abuso en doble dirección: de usted hacia sus colaboradores, y viceversa, cuando se aprovechan del exceso de confianza y una de las partes intenta obtener ventajas personales o descuida sus responsabilidades laborales.
- La amistad que debe reinar con el equipo de trabajo no debe confundirse con la familiaridad, ya que se pueden producir situaciones poco agradables que deterioran el clima laboral y puedan acabar en situaciones traumáticas.

Competencias asociadas:

Aprendizaje, autocontrol, comunicación, convivencia, motivación, ejercicio del mando, integridad, manejo del cambio, motivación, profesionalidad.

***Tips* para ser jefe líder:**

- No permita que la amistad se interprete como una facultad para faltar al compromiso con los objetivos de la empresa.
- No dé vía libre para que se aprovechen de la amistad y así obtener privilegios y ventajas, a costa de descuidar las responsabilidades.
- Cultive la auténtica amistad, desechando el amiguismo.
- Esté siempre atento a prestar ayuda, tanto en el trabajo como en la vida personal, pero no cruce la línea de la amistad normal.
- Evite mezclar lo personal con el trabajo.

7.8 El mundo de las relaciones sociales

Como ser social, usted necesita de vínculos en diferentes ambientes. Uno de ellos es el que se da en el trabajo con colegas, superiores y el equipo de trabajo:

- En forma ascendente, ya que tiene acercamientos o contactos con niveles superiores.
- Horizontalmente, por cuanto existen otros colegas que también dirigen equipos de trabajo.
- Con el equipo de trabajo, ya que tiene subalternos.
- Transversalmente, debido a la necesidad de comunicarse y tratar con personas de otras dependencias.

Las relaciones sociales adquieren importancia y los aciertos o las fallas en ellos influyen de manera significativa en el mundo laboral. El desdén por el trato de este tema crucial sólo puede llevar a serios conflictos, señalamientos, rechazos y mala imagen.

La vida en la empresa merece toda la atención, máxime cuando el jefe invierte un buen número de horas en la organización, mínimo 10, hoy en día, lo que le brinda la oportunidad de relacionarse con diferentes personas.

Existe una separación necesaria entre la relación natural que se da en el entorno laboral y la convivencia social. No obstante, algunos jefes consideran conveniente hacer amistad con los superiores, los pares y los subalternos y se esfuerzan deliberadamente para lograrlo. Para ello, organizan reuniones y fiestas, realizan visitas constantes a las demás oficinas, arman equipos deportivos. se afilian al mismo club y muchas cosas más.

En las relaciones y actividades laborales, se espera de parte suya la mejor conducta social, que se puede evidenciar en comportamientos como:

- Demostrar auténtico afecto.
- Ser agradable.
- Compostura reconocida por todos.
- Paciencia con las personas difíciles.
- Disfrutar la creación de ambientes armoniosos y sabe escuchar.
- Practicar el buen humor y utilizarlo para liberar tensiones y presiones.
- Manejar muy buenas relaciones con sus compañeros de igual categoría, subalternos y superiores.
- Resolver con discreción las divergencias con las diferentes personas.
- Respetar y aceptar las actitudes y comportamientos individuales y sociales, entendiendo la razón de las diferentes opiniones, aun cuando no las comparta.
- En las reuniones sociales, actuar con respeto y mesura (licor, comidas, etc.), jamás propiciar situaciones desagradables o

espectáculos, ni hacer cosas que no le corresponde como invitado o anfitrión.

- En las invitaciones sociales, siempre resulta mejor llegar a tiempo y salir pronto, sin que tengan que atenderlo por su mal estado o peor aún "pararle la escoba" para que se vaya.
- Ser cuidadoso en la aceptación de las invitaciones, decidiendo cuando es prudente no hacerlo.

Competencias asociadas:

Aprendizaje, autocontrol, comunicación, convivencia, ejercicio del mando, integridad, manejo del cambio, motivación, profesionalidad.

***Tips* para ser jefe líder:**

- Observe de manera permanente la conducta social que se espera de los jefes líderes.
- Conserve los límites en las actividades sociales, comportándose siempre de acuerdo con las reglas propias de dichos eventos.
- Promueva el buen trato, el respeto, la solidaridad, la ética, en pro de un ambiente de trabajo gratificante; y, sobre todo, predique con el ejemplo.

Capítulo 8
El jefe líder y la ética

"La cualidad suprema del liderazgo es la integridad"
(Dwight Eisenhower)

En la empresa se genera un mapa de diversas interacciones entre personas, que demanda la necesidad de asumir una postura ética basada en principios, valores y actitudes que forman parte del fuero interno que guían las conductas de los integrantes de los diferentes equipos de trabajo, considerándose siempre que es el principal atributo de todo jefe líder.

El don por excelencia de todo jefe es la ética. Sus actuaciones deben enmarcarse en los más altos estándares éticos, evidenciando un comportamiento que le permita sentirse orgulloso de sí mismo, ante su equipo de trabajo, sus colegas y sus superiores.

Además de ser un verdadero modelo en la ética, es importante que como jefe propicie la creación de una atmósfera de rectitud en los integrantes del equipo de trabajo, fortaleciendo a la organización contra el delito y las acciones incorrectas.

8.1 La ética: virtud No. 1 del jefe líder

"Una de las realidades de la vida es que, si no se puede confiar en una persona en todos los aspectos, uno realmente no puede confiar en él o ella en ningún punto"
(Cheryl Biehl)

La insatisfacción por conductas no éticas del jefe es fuente de desmotivación, sobre todo cuando tal actuación ha tenido origen en presiones de los directivos y superiores. Muchos jefes valiosos cambian de empresa debido a que la falta de ética en el ambiente laboral les resulta insoportable.

Cuando el jefe tiene los más elevados estándares éticos en el trabajo, generalmente muestra comportamientos como los que siguen:

- Juego limpio en todo lo que hace o acuerda.
- Alto sentido de responsabilidad.
- Lo que predica encaja con lo que hace.
- Credibilidad.
- Imparcialidad.
- Honestidad.
- Sabe que la confianza es el factor más importante en las relaciones personales y laborales.
- Equidad.
- Jamás promete nada que no puede cumplir, y cuando dice que va a hacer algo, simplemente lo cumple.
- Lealtad.
- No cruza la línea de sus valores, ni por un centímetro o un kilómetro, ya que sabe que traspasa el límite.
- Respeto por la dignidad de cada uno.

El jefe demuestra su comportamiento ético a través de la excelencia de su trabajo, de los productos y servicios de los cuales es responsable, de los informes que rinde (sin manipulación ni omisión de datos), de la manera como se comporta con todos aquellos con quienes se relaciona, de la protección a los bienes y a la imagen de la empresa, de su proceder sin agendas ocultas, de su liderazgo mediante el ejemplo.

Además, el personal cree en su organización si percibe y está seguro de que se encuentra en un ambiente donde se dice la verdad y se juega limpio frente al personal, los clientes, los dueños de la empresa, el Estado, la comunidad.

COMPETENCIAS ASOCIADAS:

Aprendizaje, autocontrol, comunicación, convivencia, ejercicio del mando, integridad, manejo de la información, motivación, profesionalidad.

***Tips* para ser jefe líder:**

- Haga de cada acto de la vida y del desempeño en la empresa una demostración contundente de conductas éticas estrictas frente a los diferentes grupos de interés con los que interactúa.
- Lo que diga o enseñe debe cuadrar con sus acciones.
- Sienta la obligación de ser una persona de probada integridad, es decir, recta, intachable.
- Aprecie en muy alto grado el respeto por la dignidad humana y el sentido del deber.
- Tenga claramente definida la primacía del bien colectivo sobre los intereses particulares.

8.2 Admitir sus propios errores

Algunos jefes suelen tener dificultades en su relación con los subalternos, reaccionando defensivamente ante sus propios errores y las críticas, negándolos, encubriéndolos o intentando descargar su responsabilidad en otras personas.

Esta forma de proceder genera desconfianza y sentido falso de infalibilidad del jefe, de quien justamente se espera un carácter firme e íntegro, distinguiéndose por asumir las responsabilidades frente a sus equivocaciones, por tomar medidas para solucionarlas y seguir adelante sin darle vueltas a lo ocurrido.

Como persona, usted puede llegar a errar en sus decisiones y actuaciones, y naturalmente nadie espera que sea inmune a las fallas. Sin embargo, sí existe la expectativa de su humildad para admitir las fallas, evitando la recurrencia y la búsqueda de víctimas en quienes depositar las fallas, sobre todo cuando es responsable y no hay razón para endosárselas a otros.

Para usted, es importante que reconozca sus errores, ya que:

- Fortalecen su credibilidad.
- Es una fuente de aprendizaje.
- Gana respeto frente a los demás.
- Es parte de su humildad que debe poseer.
- Es una oportunidad para crecer en lo personal y profesional.

Competencias asociadas:

Aprendizaje, autocontrol, comunicación, convivencia, ejercicio del mando, integridad, manejo de la información, motivación, profesionalidad.

***Tips* para ser jefe líder:**

- Evalúe objetivamente las equivocaciones cometidas y acepte sus errores.
- Analice las causas de los errores y aplique acciones correctivas para no incurrir en ellos.
- Tenga presente que el error también es una oportunidad valiosa para aprender, mejorar y crecer.
- Evite "tropezar en la misma piedra".

8.3 Hablar mal de las personas

Muchas veces sin proponérselo, lleva a cabo comentarios desagradables o improcedentes ante los demás compañeros, o ante terceros, acerca de aspectos físicos (estatura, forma de vestir, malformaciones, contextura, etc.), intelectuales (tipo de formación académica, institución educativa, nivel de inteligencia), desempeño laboral (desorden, incumplimiento, baja productividad), familiares, económicos y aun morales de una o varias personas bajo su cargo, de sus propios jefes, colegas, trabajadores de otras áreas.

Esta forma de comportarse es mucho más censurable cuando lo hace de manera premeditada con la intención de causar daño a las personas.

El hábito de referirse de mala manera de los subalternos y otras personas es difícil de superar, causa mucho daño a la imagen del personal afectado por los comentarios y deteriora la suya de manera considerable.

Piense que hablar mal de los colaboradores:

- Destruye imagen.
- Causa desmotivación.
- Produce pérdida de respeto.
- Dudan de su comportamiento ético.
- Le resta confianza.
- Genera conflictos.
- Ataca la dignidad personal

Competencias asociadas:

Aprendizaje, autocontrol, comunicación, convivencia, ejercicio del mando, integridad, manejo de la información, motivación, profesionalidad.

***Tips* para ser jefe líder:**

- Evite a toda costa cualquier comentario que atente contra la buena imagen y la dignidad de otras personas.
- Hable las cosas de manera directa y personal con aquellos subalternos sobre los cuales recaigan dudas o indicios de actuaciones equivocadas en el trabajo, las cuales deben ser materia de un plan de mejoramiento.
- Cuente con espacios apropiados para enfrentar y resolver situaciones con los empleados, evitando hacerlo en reuniones o ante la presencia de extraños.

8.4 Reconocer las iniciativas de los demás

Algunos jefes piensan que, si sus subalternos sobresalen por las propuestas y el trabajo bien hecho, pierden jerarquía e importancia, y con ello se afecta su prestigio. Entonces, deciden apoderarse de las iniciativas de los demás con el fin de asegurar un reconocimiento fundado en proyectar que son los únicos capaces de generar nuevas ideas y hacer las cosas bien.

El desempeño de un equipo de trabajo es el resultado del esfuerzo de sus integrantes, en donde está incluido el jefe, y cuando éste no respeta debidamente los créditos, está minando su liderazgo al desconocer que los triunfos no se deben, de manera exclusiva, a su gestión de dirección.

Cada vez que usted como jefe, destaca lo que hacen sus subalternos y además reconoce sus esfuerzos por hacer mejor las tareas, con propuestas de innovación incluidas, logra que ellos se sientan más a gusto con su trabajo y los procesos se ejecuten de manera eficiente y eficaz para alcanzar productos y servicios de mejor calidad.

<u>Competencias asociadas:</u>

Aprendizaje, autocontrol, comunicación, convivencia, ejercicio del mando, integridad, manejo de la información, motivación, profesionalidad.

***Tips* para ser jefe líder:**

- Evalúe si suele apoderarse de los créditos de sus subalternos y las motivaciones para proceder así y las personas que resultan afectadas.
- Absténgase de asumir como propias las iniciativas y las cosas que pertenecen a otras personas.
- Tenga presente que apropiarse de los créditos ajenos demuestra inseguridad, incapacidad, deshonestidad.
- Mantenga el objetivo de incentivar la iniciativa de los trabajadores y hacer los reconocimientos del caso.

8.5 Amoríos en el trabajo

Uno de los errores nefastos en el campo laboral es el que comete un jefe cuando emprende actividades de conquista amorosa con personas a cargo o acepta los devaneos hacia él. Las consecuencias de este comportamiento son impredecibles para el jefe y la otra persona, el equipo de trabajo, la empresa.

La historia empresarial ilustra fehacientemente sobre la inconveniencia de este comportamiento dentro de la organización. Es mejor prevenir, que tener que lamentar, reza el adagio popular, que aplica especialmente en este tema.

¿Por qué no conviene?: La persona que es seducida puede en un momento dado influir en traslados o ascensos de personal, aplicación de sanciones, manipulaciones, deterioro del clima laboral, determinadas decisiones.

Hay que pensar que por más que se pretenda esconder la relación amorosa ante los ojos de los demás, más temprano que tarde se volverá *vox populi*, y empieza la onda expansiva de los comentarios. Prácticamente no hay manera de esconder la situación, y de ella se puede aprovechar más de una persona.

¿Qué hacer? Como jefe, le quedan estas opciones:

a) Abstenerse de establecer relaciones amorosas con personal del equipo de trabajo.

b) Si llegaren a ocurrir, tiene dos caminos: (i) cambiar de unidad de trabajo que nada tenga que ver con su gestión, (ii) retirarse de la organización. En ambos casos, puede hacer lo mismo la persona involucrada en el romance.

Competencias asociadas:

Aprendizaje, autocontrol, comunicación, convivencia, ejercicio del mando, integridad, manejo de la información, motivación, profesionalidad.

***Tips* para ser jefe líder:**

- Proceda de la manera más conveniente cuando sienta que está entrando en un proceso de enamoramiento de alguien del equipo de trabajo, igual cuando esté involucrado.
- No olvide que lo mejor es detenerse a tiempo.

8.6 Ambiente de intrigas y chismes

La comunicación informal, es decir aquella que no es oficial al interior de la empresa, sino que surge de las relaciones cotidianas entre el personal (actividades deportivas, reuniones sociales, charlas de pasillo o la cafetería, etc.), supera ampliamente a la formal en muchas organizaciones. Como parte de esa informalidad, aparece el rumor en el ambiente laboral, generalmente relacionado con aspectos negativos de los empleados y de la propia empresa y se convierte en destructor de imagen y buen nombre.

Esa forma de comunicarse pone al descubierto que algo está fallando en el proceso de comunicación de la empresa, por no ser oportuna, cierta, completa o no cumplir sus objetivos; para esto, lo mejor es trabajar con un plan de comunicación para informar lo que está pasando y lo que viene para así neutralizar los rumores.

Cuando el jefe se enfrenta a esta realidad, no tiene otra opción que abordar de manera frontal, contundente y oportuna las maledicencias y las intrigas en su equipo de trabajo, aplicando freno desde el principio a toda posibilidad de chismes que afecten la integridad de una o varias personas del equipo de trabajo.

Para un buen jefe resulta improcedente propiciar habladurías y participar de las mismas, ya que representan un verdadero atentado contra la dignidad de las personas y el clima laboral; una vez generado este hábito, es difícil de erradicar de la vida de la organización.

Competencias asociadas:

Aprendizaje, autocontrol, comunicación, convivencia, ejercicio del mando, integridad, manejo de la información, motivación, profesionalidad.

***Tips* para ser jefe líder:**

- No propicie o tolere chismes o habladurías.
- Actúe de manera inmediata y certera frente a brotes de maledicencia.
- Recuerde que los rumores se evitan cuando usted transmite las novedades que puedan producirse en torno al trabajo y al personal a su cargo, así éste no recurrirá a otras fuentes poco fiables.

8.7 Frente al acoso laboral

La presión laboral o acoso psicológico consiste en una serie de acciones, conscientes o inconscientes, producidas por el jefe hostigador que opta por destruir o desaparecer del camino a un colega, un superior o un subalterno suyo a través del uso de violencia psicológica, de forma sistemática durante un tiempo relativamente prolongado, para disminuir la autoestima y el desempeño laboral de la persona que está en la mira. Tal actuación busca intimidar, ridiculizar, reducir y amedrentar a alguien hasta inmovilizarlo, llevándolo al desespero, la depresión y hasta su renuncia del cargo, evidenciando a un jefe que es mala persona.

Los efectos más notorios en la persona que sufre el acoso son los ataques de pánico, ansiedad, depresión, somatizaciones, alteraciones cardiovasculares, disminución de la productividad, estrés, mal genio, introversión, y en casos extremos consumo de alcohol y de drogas, con efectos graves en el comportamiento social y familiar, a la par de riesgo de desequilibrio emocional.

El acoso también puede darse entre los integrantes del equipo de trabajo, situación que debe ser atendida de inmediato por el jefe para evitar consecuencias lamentables.

Existen conductas relacionadas con el acoso que usted debe evitar a toda costa, como las siguientes:

- Expresiones contra la integridad física o moral de los demás.
- Palabras injuriosas o ultrajantes que lesionan el derecho a la intimidad o al buen nombre.
- Acciones arbitrarias que permiten inferir el propósito de inducir la renuncia del subalterno, mediante la descalificación, la carga excesiva de trabajo y los cambios permanentes de horario que puedan producir desmotivación laboral.
- Trato diferenciado por razones como: etnia, género, credo religioso, origen familiar o geográfico, preferencia política o situación social o sin ninguna justificación.
- Obstaculización del cumplimiento de la labor, haciéndola gravosa o retardándola con perjuicio para el subalterno.
- Asignación de tareas que degradan al trabajador.
- Menosprecio del colaborador, no encomendándole tareas.
- Aislamiento de los compañeros de trabajo, impidiendo la comunicación entre ellos.
- Ridiculización del trabajador ante los demás.
- Acoso manifiesto o encubierto con insinuaciones o provocaciones de carácter sexual.
- Gritos o insultos.
- Cuestionamiento sistemático del trabajo del empleado.
- Asignación de funciones sin el cumplimiento de los requisitos mínimos de protección y seguridad, poniendo en riesgo la integridad del empleado.

COMPETENCIAS ASOCIADAS:

Aprendizaje, autocontrol, comunicación, convivencia, ejercicio del mando, integridad, manejo de la información, motivación, profesionalidad.

***Tips* para ser jefe líder:**

- Examine las conductas hacia el personal que pueden ser tipificadas como acoso laboral.
- Elimine las actuaciones propias del acoso y asuma las responsabilidades derivadas de él.
- Esté alerta a las diferentes muestras de acoso de que puede ser víctima o victimario para emprender los correctivos del caso de manera inmediata.

8.8 El ejemplo arrastra

"El ejemplo no es lo principal para influenciar a otros. Es la única cosa"
(Albert Schweitzer)

Así como les ocurre a los hijos con los padres o a los estudiantes con los profesores, los subalternos esperan de usted que, antes de emplear peroratas o grandes disertaciones sobre cómo hacer las cosas bien, los guíen a través del ejemplo. La palabrería termina desgastándolo e indispone al personal frente a discursos a veces incongruentes con lo que observan en la realidad.

Son frentes de observación permanente por los subalternos sobre usted: cumplimiento del horario, trato personal, orden, ética, planeación y organización del trabajo, el respeto, la presentación personal, entre otros, que se convierten en referentes para quienes son dirigidos.

Predicar con el ejemplo es una de las mejores herramientas en la dirección de un equipo de trabajo, la cual le exige al jefe ser consistente entre lo que piensa, lo que dice y lo que hace; de no ser así, su credibilidad corre peligro.

Las subalternas honestas quieren seguir a jefes honestos, ya que la ética es el rasgo más valorado en quienes dirigen personas, con lo que se marca una diferencia real y positiva en la vida de los trabajadores, quienes así desarrollan sentimientos positivos hacia la empresa y al que los dirige.

Competencias asociadas:

Aprendizaje, autocontrol, comunicación, convivencia, motivación, organización del trabajo, profesionalidad, integridad.

***Tips* para ser jefe líder:**

- Evite el uso de mensajes que contradigan su forma de actuar.
- Lleve un registro de lo que suele predicar y contrástelo con lo que hace para realizar las alineaciones correspondientes.
- Si predica algo, sea el primero en aplicarlo y dar ejemplo.

8.9 Expresiones que deben evitarse

Existen palabras y frases del vocabulario normal de algunos jefes que causan extrañeza, escozor y reacciones negativas de los subalternos, quienes no alcanzan a entender que alguien que se supone está formado y entrenado para dirigir equipos de trabajo las usa en su cotidianidad como algo común, a veces sin caer en cuenta de lo desatinado de esa forma de hablar.

Hay muchas formas en que los malos jefes pueden herir emocionalmente, por medio de las palabras ofensivas, burlas, sarcasmos o dejando al trabajador mal plantado delante de todos, con mentiras o exageración de los errores.

La revisión de expresiones contraproducentes es una tarea que deben emprender los jefes que así hablan, para continuar con su erradicación definitiva, pudiendo comprobar que siempre hay mejores maneras de decir las cosas.

Algunas de las expresiones que resultan inadecuadas en su diálogo con el personal son las siguientes:

- "Si no está conforme con el trabajo, ya encontraremos a alguien que no ponga tanto problema".
- "¿Quién lo autorizó hacer eso?"
- "Deje lo que esté haciendo y encárguese de esto, ¡ya!"
- "No me venga con problemas, necesito soluciones"
- "Agradezca que como está la situación tiene chanfa".
- "Si no lo termina, entonces . . .ya verá"
- "No le saque el cuerpo al trabajo"
- "¿Le quedó grande hacer eso…?".
- "Mire que está en un error"
- "De acuerdo, pero tiene que entender que . . ."
- "¿Por qué siempre piensa que tiene la razón?"
- "Está actuando como un loco"
- "¿Cuándo va a crecer?"
- "Lo que mande el señor"
- "Yo sé lo que usted necesita . . . "
- "Su problema se va a resolver por sí solo"
- "¿Por qué?" "¿Quién?" "¿Dónde.?" "¿Cómo" "¿Con qué", a manera de interrogatorio forzado?
- "¿A dónde quiere llegar?"
- "Hoy se levantó con el pie izquierdo"
- "¡Aquí mando yo, y punto!"
- "Vaya a que le piquen caña"
- "Tratémonos con respetico"
- "Mejor busque trabajo"
- Otras expresiones de mayor calibre.

Esta forma de dirigirse a sus subalternos produce impactos negativos, como:

- Desmotivación.

- Rabia.
- Preocupación.
- Depresión.
- Ansiedad.
- Sensación de ofensa, agresión, burla, irrespeto.
- Ganas de renunciar.
- Deseos de confrontar y agredir al jefe.

<u>Competencias asociadas</u>:

Aprendizaje, autocontrol, comunicación, convivencia, ejercicio del mando, integridad, manejo del cambio, motivación, profesionalidad.

***Tips* para ser jefe líder:**

- Ubíquese en la posición del subalterno para entender la sensación que se puede percibir cuando emplea expresiones ofensivas, de mal gusto y destructivas.
- En caso de emplear frases y palabras impropias, corrija esa forma de hablar; al principio cueste hacerlo, pero paulatinamente lo logrará si se propone hacerlo.
- Tenga en mente que, si se usa ese vocabulario, no puede exigirles a los colaboradores que no lo hagan.

8.10 Cuando el jefe esconde sus problemas de trabajo

Una de las competencias de mayor importancia para los jefes es la capacidad para manejar acertadamente los problemas, lo cual incluye el análisis objetivo y la búsqueda de la mejor solución, para que no crezcan y se conviertan en fuente de otros mayores.

La acción de disimular o enmascarar los inconvenientes sólo conduce a dificultades posteriores.

Con el supuesto fin de evitar dificultades, algunos jefes esconden los problemas graves, ignorando que tarde o temprano aflorarán con las consecuencias y responsabilidades obvias. Al contrario, cuando los atienden en el momento oportuno y con las estrategias y mecanismos adecuados, no sólo se obtienen beneficios para el equipo de trabajo sino para la misma organización.

Ahora bien, cuando el jefe tiene conocimiento de un problema, una contrariedad o una equivocación importante, debe informar oportunamente a los superiores y colegas que están siendo afectados por el inconveniente. A más espera, mayores probabilidades de que se agrave la situación.

Competencias asociadas:

Aprendizaje, autocontrol, comunicación, convivencia, ejercicio del mando, integridad, manejo del cambio, motivación, profesionalidad.

***Tips* para ser jefe líder:**

- Evite el enmascaramiento de los problemas y asuma de manera oportuna su estudio y solución.
- Siga el proceso de toma de decisiones para resolver los problemas.
- Recuerde que los problemas rara vez se resuelven solos.
- Evite caer en "mastardelandia" (numeral 9.6).

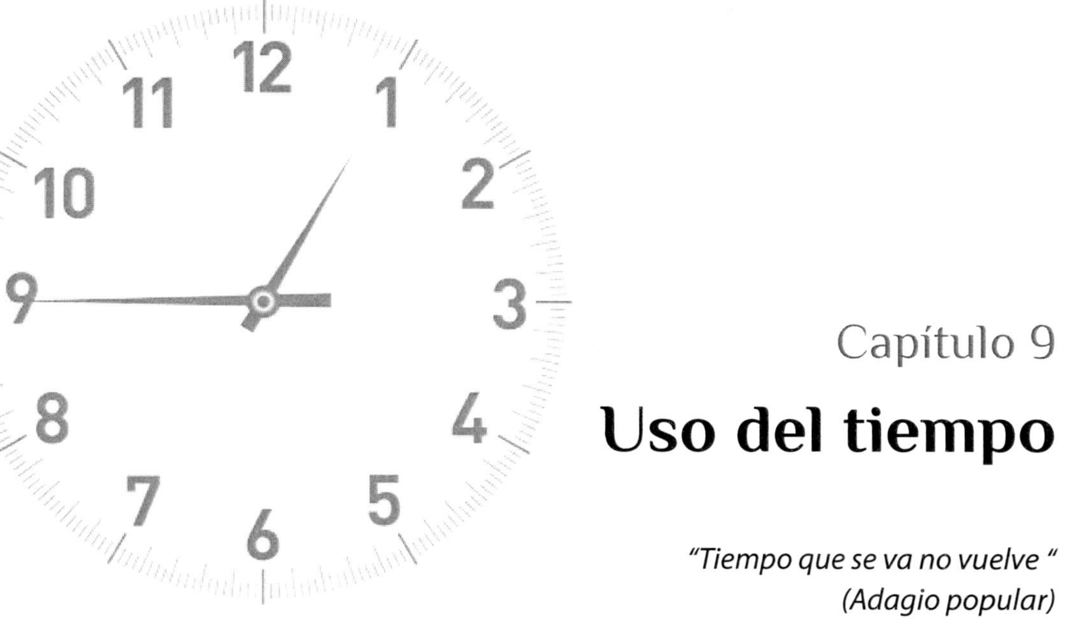

Capítulo 9

Uso del tiempo

"Tiempo que se va no vuelve "
(Adagio popular)

"El tiempo es oro", se escucha decir con frecuencia; esto refleja la importancia de un recurso que se desaprovecha con mucha frecuencia, hecho que incluye a los jefes. El tiempo sencillamente pasa y no hay forma de recuperarlo. Las razones por las que se pierde el tiempo son muchas, especialmente por los malos hábitos personales y de trabajo.

Una de las peores imágenes que puede dar un jefe es la de ser una persona con mala planificación del uso del tiempo, que vive en carreras permanentes, tiene exceso de documentos en el escritorio u olvida dónde los tiene, acude o convoca a múltiples reuniones para atender nimiedades, es maniático de la tecnología distractora, olvida los compromisos, tiene comités para todo. Esta radiografía es común en muchos jefes. Sin embargo, detenerse y reflexionar críticamente sobre esta realidad produce muy buenos dividendos en el nivel personal, organizacional y en el equipo de trabajo.

9.1 ¿Sin tiempo?

Con frecuencia se escucha que el tiempo es un gran enemigo de los jefes, debido a que es insuficiente en relación con su carga laboral. Lo cierto es que un jefe dispone, como cualquier persona en el mundo, de días de 24 horas y horas de 60 minutos; sin embargo, a algunos les sobra tiempo y a otros les falta. La diferencia radica en que a menudo no es utilizado tan bien como se debiera. Por tanto, la conocida expresión "no tengo tiempo" carece de sentido.

Las pérdidas de tiempo en el trabajo por parte suya pueden tener **origen** en situaciones como las siguientes:

- Interrupciones frecuentes en las actividades que desarrolla, generadas por el propio jefe u otras personas.
- Reuniones no programadas o demasiado largas.
- Viajes innecesarios.
- Conversaciones telefónicas frecuentes o extensas.
- Búsqueda de datos y conversaciones en Internet.
- Atender muchas cosas pequeñas (microgerencia), que podrían hacer otras personas o descartarse.
- Uso desbordado de aplicaciones en el celular.
- Presencia de personas en la oficina que causan distracción.
- Falta de delegación.
- Llegar tarde al trabajo.
- Deficiente organización o programación del trabajo.
- Demasiada carga laboral.
- Visitas inesperadas o que se prolongan innecesariamente.
- Procedimientos de trabajo sin definir.
- Trabajo atrasado.
- Apego a la atención de las redes sociales.
- Falta de agenda de trabajo o deficiente manejo de ella.

Al revisar este listado, encontrará buena parte de las explicaciones a la afirmación "no tengo tiempo", lo cual debe ser materia de análisis para llevar a cabo un plan de erradicación de causas como las que aparecen antes.

Competencias asociadas:

Aprendizaje, autocontrol, creatividad e innovación, manejo de la información, organización del trabajo, planeación, toma de decisiones, uso del tiempo.

***Tips* para ser jefe líder:**

- Revise con cierta periodicidad el listado de las situaciones en que pierde tiempo y evite recaer en ellas (vea el listado anterior).
- Concrétese más en dirigir, que en microgerenciar.
- Evalúe lo urgente vs lo importante y decida (ver el numeral siguiente).

9.2 Importancia VS Urgencia

¿Ha caído en la tentación de clasificar sus actividades con la etiqueta de "urgentes", en aras de demostrar agilidad mental, capacidad de trabajo y habilidad para tomar decisiones, a sabiendas de que esta forma de actuación puede afectar aquello que realmente debe considerar como importante?

Como jefe, es necesario que aprenda a distinguir claramente lo urgente y lo importante. Urgente, como la palabra lo señala, significa que requiere una actuación rápida, pudiendo ser el asunto importante o no. En cambio, un tema importante tiene que ver con asuntos claves de la gestión de la unidad de trabajo que dirige el jefe, pudiendo ser urgente o no.

De acuerdo con lo expuesto, la urgencia y la importancia tienen estas combinaciones para decidir:

a) Tareas urgentes e importantes: Trabajos con atención inmediata.

b) Actividades no urgentes y sin importancia: Acciones que se pueden postergar o desechar.

c) Labores de gran importancia, pero no urgentes: Fijar la fecha para hacerlas.

d) Tareas urgentes de poca importancia: Pueden delegarse.

Ninguna de estas posibilidades se puede menospreciar, ya que entran en juego diferentes factores: interés de la alta dirección, complejidad de las tareas, riesgos, oportunidades, cargas laborales.

Competencias asociadas:

Aprendizaje, autocontrol, comunicación, convivencia, ejercicio del mando, integridad, manejo de la información, motivación, profesionalidad.

***Tips* para ser jefe líder:**

- Combine de la mejor manera posible las condiciones de urgencia e importancia y tome una decisión de acuerdo con las prioridades que amerite la tarea.
- Evite la presión sobre el equipo de trabajo cambiando el orden de ejecución de las actividades y acelerando su cumplimiento por el solo hecho de quedar bien ante un superior.
- El tiempo es un activo clave que no se puede desaprovechar: utilícelo de manera productiva haciendo el balance adecuado entre lo urgente y lo importante.

9.3 Sacando tiempo para pensar

Como una rutina cotidiana, necesita dedicar diariamente un tiempo (una hora, por ejemplo) para hacer planes, repensar las ideas y decisiones, calcular, repasar las metas, reflexionar sobre los problemas, hacer el balance del día, meditar sobre los errores y encontrar formas diferentes de cumplir las metas o de dirigir su equipo de trabajo.

Considere la importancia que tiene hacer esto en la mesa de trabajo o en un sitio cómodo todos los días laborales, a una hora determinada, preferiblemente antes de retirarse al hogar, o llegando con anticipación a la oficina –práctica que conviene adoptar para organizar el día—para ver que le producirá grandes beneficios. Esta reflexión no es conveniente realizarla mientras conduce o se alimenta, ni en los momentos que deben ser parte del descanso, de atención a la familia o antes de dormir.

Esta actividad puede complementarse con un registro de las conclusiones y decisiones tomadas como producto de ese tiempo dedicado a la reflexión.

COMPETENCIAS ASOCIADAS:

Aprendizaje, autocontrol, manejo del cambio, manejo de la información, motivación, profesionalidad, toma de decisiones.

***Tips* para ser jefe líder:**

- No deje pasar un día sin realizar la sesión de reflexión.
- Genere acciones de mejoramiento, producto de las reflexiones diarias.
- Monitoree el cumplimiento de los propósitos.

9.4 El disfrute de vacaciones y licencias tienen sentido

Una práctica bastante extendida en el mundo empresarial público y privado consiste en que el jefe cuando sale de vacaciones siente el impulso de retornar a su trabajo o no se desconecta de él. La situación es más cómica cuando el jefe afirma que está aburrido sin hacer nada y quiere volver al trabajo, y entonces se vale de diferentes argumentos para demostrar que sin él la oficina "no funciona", que es insustituible o que las cosas no se hacen si no está presente.

También es frecuente que contacte a los empleados, especialmente los de confianza "por si algo se ofrece" o "necesitan mi firma". Algunos jefes completan esta actuación llamando a quien lo reemplazó para preguntar "cómo van las cosas".

De hecho, algunas empresas abusan del personal, suspendiendo las vacaciones de los jefes o buscando la manera de interrumpir hasta las incapacidades; incluso solicitan que atienda asuntos a distancia. Depende del jefe que esto suceda.

Si se ufana de no tomar vacaciones es, o bien un torpe, o un mal jefe, ya que no puede organizar su trabajo o su área de responsabilidad, de manera que pueda funcionar perfectamente en su ausencia.

Las vacaciones son una oportunidad propicia para descansar, viajar, atender hobbies, conocer a otras personas, observar otras formas de vida, practicar deportes, estar en compañía de la familia.

Para usted es importante programar el disfrute de las vacaciones e informar a los superiores con anticipación. Salvo casos de verdadera hecatombe, no tiene por qué aplazar o recortar las vacaciones o licencias. No puede creerse indispensable.

COMPETENCIAS ASOCIADAS:

Autocontrol, motivación, profesionalidad, toma de decisiones.

***Tips* para ser jefe líder:**

- Tómese sus vacaciones sin interrupción y sin atender asuntos del trabajo, ya que para eso es la jornada laboral.
- No acumule vacaciones, son un derecho para ejercer y una necesidad para reponer energías y revitalizarse.
- Prepare al personal para las épocas de ausencia y delegue en un empleado el rol de jefe. Alguien debe tomar el mando, ya que hay más líderes en el trabajo.
- Desconéctese de su trabajo cuando esté disfrutando las vacaciones, licencias e incapacidades médicas.

9.5 Proyecto de vida como jefe

De manera sorprendente, se puede apreciar que algunos jefes piensan que el área de talento humano debe diseñar y desarrollar su trayectoria profesional. Creen que la empresa tiene en mente un gran plan para ellos o que existe una especie de escala predeterminada de cargos y que simplemente se tiene un derecho adquirido para ascender en la escala jerárquica de manera automática. Así no son las cosas.

No se puede trabajar con la idea de que la empresa tiene planes de carrera para cada uno de sus jefes. Por el contrario, tal vez existan intenciones, pero de salida de algunos de ellos. El destino de la carrera al interior de la organización está en manos de cada jefe y no en cabeza de otras personas.

Como jefe, cada uno debe saber qué quiere y trazar su propio plan de desarrollo para alcanzarlo. Además, el crecimiento al interior de la empresa es apenas una parte del desarrollo del jefe, ya que debe contemplarse también la trayectoria futura fuera de ella, desde el ángulo profesional y personal.

En este aspecto, surgen interrogantes como el qué, el por qué y el para qué de la existencia del jefe, que lo conducen a trazarse metas y a buscar su proyección en la búsqueda de diferentes respuestas y de su realización humana en sus múltiples facetas. Estas reflexiones lo deben llevar a plantear su propio proyecto de vida teniendo como base su desarrollo integral, el de su familia, el de su equipo de trabajo y el de su empresa, lo cual lo obliga a su autodesarrollo para darle dirección, significado y orden a su vida.

La formulación del proyecto de vida del jefe supone la interrelación de los aspectos físicos, emocionales, profesionales, intelectuales, económicos, culturales, sociales y espirituales en la perspectiva de la configuración del campo de las situaciones vitales. Esto lleva a pensar que no basta proyectar la vida solo en el terreno laboral, sino que debe contemplarse la visión personal, en un claro enfoque integral.

En el caso de este proyecto se pueden consultar diferentes guías y modelos para formularlo, ejecutarlo y evaluarlo.

Competencias asociadas

Aprendizaje, autocontrol, creatividad e innovación, integridad, manejo del cambio, motivación, planeación, toma de decisiones, profesionalidad, pensamiento sistémico.

***Tips* para ser jefe líder:**

- Plantéese el proyecto de vida como jefe y como persona en el curso de su vida.
- Ejecute el plan e introduzca los ajustes o cambios que considere apropiados.
- El proyecto de vida necesita de la participación de sus personas de confianza, tanto en la formulación, como en la ejecución y el monitoreo.

9.6 "Mastardelandia"

La tendencia a aplazar las tareas y las decisiones por parte de algunos jefes se observa claramente cuando:

- Dilatan de manera cotidiana y consciente determinados asuntos o tareas porque implican una molestia, y las reemplazan por otras más irrelevantes, pero más placenteras de realizar. A título ilustrativo, la conducta de aplazamiento se evidencia cuando el jefe difiere de manera sistemática una reunión para evitar encuentros traumáticos. Olvidan que en algún momento los aplazamientos cobran factura.

- Posponen una actividad hasta el último minuto de la fecha límite.

- Evaden sistemáticamente una acción por el temor al fracaso.

- Dudan en llevar a cabo una tarea y derrochan el tiempo pensando en la mejor manera de ejecutarla, sin llegar a tomar una decisión.

El elemento constante de estos comportamientos se reduce a dejar las cosas "para después" en forma reiterativa, postergando una y otra vez la labor asignada, más allá de las horas, días o semanas establecidos para su realización.

El jefe que pospone una decisión espera que todo se aclare por sí solo o dilata la resolución de un asunto esperando a "tener tiempo", lo cual denota una conducta evasiva e inmadura.

Las causas o motivos que pueden llevarlo a dilatar en el tiempo el trabajo son diversos y complejos, como:

- Estados depresivos que conducen a períodos de letargo.
- Falta de impulso y motivación para asumir la tarea en el momento indicado.
- Obsesión por el perfeccionismo. Esto lo priva de empezar proyectos ya que teme no poder hacerlo tan perfecto como desea, y por lo tanto pierde la motivación.
- Baja tolerancia a la frustración.
- No contar con objetivos y metas específicos
- Disfrute en la generación de ideas que no lleva a cabo porque enseguida se distrae en el siguiente proyecto.
- Actitud escapista de la realidad.
- Miedo de enfrentar personas, estudios, tareas.
- Temor a tomar decisiones.
- No comprometerse.
- Eludir los compromisos.
- Indisciplina en el trabajo.

Para superar la práctica de aplazar tareas o ejecución de procesos, usted puede valerse de estrategias como las siguientes:

- Valore las ganancias de realizar las tareas pendientes. No se trata de terminar una labor por el solo hecho de hacerlo; por el contrario, se quiere finalizar por su importancia y porque se va a ganar algo significativo con ello.

- Piense en que retrasar la tarea resultará peor. Mañana, otro día, seguramente va a hacer lo mismo… y el problema seguirá creciendo como una bola de nieve.

- Si es una tarea grande, divídala en subtareas. En lugar de afrontar la tarea de un "solo viaje", fracciónela en varias partes, es decir acometa la tarea punto por punto, con pequeños avances.

- Vea el trabajo pendiente como un reto directo a su determinación. "¿Es que esto me va a quedar grande?" Enfrente la tarea y complétela porque tiene fuerza de voluntad para lograr los objetivos y las metas.

- Libérese de los autoengaños provenientes de justificaciones como la necesidad de leer el periódico, ver televisión, ir a cine o al mercado, porque la tarea seguirá sin hacer.

- Piense en quiénes pagan caro sus aplazamientos. Antes de retrasar porque sí esa tarea, piense en el efecto que tendrá en otros. El aplazamiento es muestra de falta de solidaridad con los demás.

- Encuentre el lado positivo de la tarea. Cualquier asignación, por molesta que parezca, tiene un lado agradable.

- Agrupe tareas; el rendimiento puede ser mejor si se procesan las labores pendientes por lotes y no de forma individual.

COMPETENCIAS ASOCIADAS:

Aprendizaje, autocontrol, creatividad e innovación, manejo de la información, organización del trabajo, planeación, toma de decisiones, uso del tiempo.

***Tips* para ser jefe líder:**

- Analice los últimos aplazamientos de decisiones y ejecución de tareas, sopesando las consecuencias para la empresa, el equipo de trabajo, el cliente y usted mismo.
- Evalúe las conductas de aplazamiento de tareas que pueda tener, analícelas cuidadosamente y proceda a eliminar la causa de ellas.
- Recuerde que "mastardelandia" siempre cobra factura.

9.7 Trabajo en el hogar y en los días de descanso

Cada vez es más recurrente el hecho de que los jefes llevan trabajo para el hogar durante la noche y los días de descanso; de otro lado, si agregamos el hábito de inducir u obligar al personal a trabajar horas fuera del horario normal o convocar reuniones durante los fines de semana, la situación resulta peor.

Esta costumbre pone en evidencia algunas fallas como:

- Deficiente administración del tiempo.
- Desaciertos en la delegación.
- Responsabilidades excesivas o inapropiadas.
- Anomalías en la organización y planificación del trabajo.
- Fallas en las relaciones con la familia, a la cual se quiere evadir a través de más trabajo y ocupación laboral.
- No saber descansar.
- Apego a "mastardelandia" o la práctica de aplazar tareas.
- Adicción al trabajo.
- Carecer de alternativas de uso del tiempo fuera del lugar de trabajo.

El hábito en cuestión es uno de los más difíciles de erradicar, llegándose al extremo de que siempre habrá justificación para llevar documentos a casa, así sean los más intrascendentes. Es algo que va atrapando al jefe sin darse cuenta.

Esta forma de actuar frente al trabajo puede llevar a lamentaciones improcedentes y fuera de tiempo como: "si hubiera tenido más tiempo para mis hijos..." "tanto trabajo acabó conmigo y no me di cuenta...". En este sentido, se está reflejando cuáles son las prioridades del jefe, quien necesita establecerlas con la mayor claridad y mantenerse firme en ello.

Para los jefes "desprogramados", los domingos son la peor pesadilla porque no encuentran la forma de "quemar" ese día. Si se siente raro, 'no se halla', entonces tiene el síndrome del domingo en el que se experimenta un rango de emociones que pasan por ansiedad, inestabilidad emocional, jartera, melancolía y sensación de vacío.

De lunes a viernes los jefes están acostumbrados a tener una rutina, un horario, unas tareas por cumplir, y el síndrome del domingo o el día festivo se presenta precisamente por no tener una agenda preestablecida; la falta de una rutina produce la sensación de un pez fuera del agua.

Si pretende ser productivo en su empresa necesita descansar fuera de su horario habitual de trabajo, lo mismo que su el personal a su cargo.

Es esencial que defina a la familia como el activo más importante que un jefe tiene en su vida y por tanto ocupa el primer lugar y no puede ser sustituido por el ajetreo laboral.

Para algunos jefes, el domingo o el festivo es el día de no mover ni un dedo, el día oficial del relax con la familia, practicar deportes y hobbies, recrearse.

Competencias asociadas:

Aprendizaje, autocontrol, creatividad e innovación, manejo de la información, organización del trabajo, planeación, toma de decisiones, uso del tiempo.

***Tips* para ser jefe líder:**

- Tenga bien claro que debe dedicar el tiempo que corresponde al trabajo, la familia y el descanso. Esto equivale a poner las cosas en su lugar.
- Líbrese paulatinamente de trabajos que lleva al hogar hasta desterrar la práctica de atender asuntos laborales en la casa o en los períodos de descanso. Entre más pronto, mejor.
- El tiempo de la oficina es suficiente para evacuar el trabajo; por tanto, no lo extienda al hogar. Si su superior ve que lleva trabajo para casa, seguramente le asignará más tareas. Libérese de esta exigencia irracional.
- Recuerde: La vida por delante (Capítulo 3º.)

9.8 Hora de la retirada

Una de las cosas más difíciles a las que se enfrenta el jefe es admitir que ha llegado el momento del retiro, que se refiere, de un lado, al cumplimiento del tiempo de servicio para jubilarse, y de otro, a una serie de situaciones internas en la empresa que no le permiten continuar al frente del equipo de trabajo.

Cuando se trata de la jubilación, la salida es un acto normal contemplado en la ley. No obstante, hay jefes que se consideran irremplazables y optan por insistir en que sin ellos la empresa no funciona y se apegan a su cargo -mal proceder de ciertos jefes--, hasta que finalmente la organización prescinde de ellos.

El nivel de tensión en la empresa y el equipo de trabajo y las crisis reiterativas sin resolver son un mensaje claro de que no se puede insistir en continuar al mando.

En los dos casos, resulta evidente que aspirar a continuar en la organización o en la dirección del equipo es contraproducente para ella, para el equipo y para el jefe mismo.

No resulta prudente esperar hasta cuando lo quieran ver fuera de la organización para emprender la retirada, ésta debe hacerse en el momento apropiado, sin darle largas y sin merecer comentarios desagradables como: "¿Cuándo se irá?", "¿Qué espera para irse?", "¿Qué se cree?"

Competencias asociadas:

Aprendizaje, autocontrol, creatividad e innovación, planeación, toma de decisiones, uso del tiempo.

***Tips* para ser jefe líder:**

- Cuando el ambiente es muy pesado en el equipo de trabajo y no hay soluciones a la vista, lo mejor es que abandone el barco, cambiando de área de trabajo o de empresa.
- Si cumple los requisitos para la jubilación, proceda al retiro de manera inmediata.
- Prepare adecuadamente el retiro y las actividades previas y posteriores al mismo. Que no lo sorprenda la salida.

Capítulo 10

Plan de trabajo para el liderazgo en la jefatura

"La cima es la mitad del camino"
(Ed Visteurs, montañista)

El logro de una jefatura con alta connotación de liderazgo no se logra de la noche a la mañana ni a través de un curso o una que otra lectura; todo lo que se haga en procura de alcanzar este objetivo siempre es de buen recibo; sin embargo, el camino más seguro para ser jefe líder es mantener el propósito de cambio en el día a día, avanzando con seguridad como lo hace el alpinista para llegar a la cima. Como sabe, el trayecto más largo empieza en el primer paso, en este caso tomar la decisión de desarrollar planes de mejoramiento.

La lectura acuciosa del texto es solo una parte del proceso de mejoramiento del desempeño como jefe, que puede incidir en una mejor dirección del equipo de trabajo dentro del enfoque de liderazgo. De hecho, otras publicaciones y guías, capacitaciones y entrenamientos pueden aportar mucho para el logro de este propósito.

Sin embargo, es posible que estas acciones no lo lleven a feliz puerto, si como jefe no emprende un plan de trabajo continuado para superar los problemas que lo están agobiando, y que muy seguramente lo pueden llevar a situaciones más complicadas que las que está viviendo hoy.

Entonces, es necesario que considere la aplicación de un plan de acción de mejoramiento, pudiendo optar por el modelo que aparece a continuación, con los ajustes que desee imprimirle.

10.1 Etapas básicas

Para el plan de mejoramiento le sugerimos unas etapas mínimas, que parten de la revisión de las conductas o hábitos que pueden corregirse –es lo ideal—o al menos mitigarse, hasta el momento en que usted mismo puede palpar los cambios que han ocurrido.

a) **Autoevaluación**: En esta etapa, puede remitirse a "tips para ser jefe líder" que aparecen al final de cada tema tratado en los capítulos, a una revisión consciente de sus comportamientos que le llevan a identificar los problemas que ostenta como jefe, a otro tipo de evaluaciones como es el caso de clima laboral que se vive en la empresa.

b) **Formulación del plan de acción:** Concrete las acciones que estén directamente vinculadas con la consecución de los propósitos de mejoramiento.

   El cuadro 10.1 que se plantea como ejemplo se diligencia de la siguiente manera:

Columna 1: Componentes: Por ejemplo: dirección del equipo de trabajo (Capítulo 5.), uso del tiempo (Capítulo 9.).

Columna 2: Elemento clave: se registra el elemento problémico de la columna 1, por ejemplo: subalternos problemáticos (numeral 5.13) para el caso del equipo de trabajo, y trabajo del jefe en el hogar y en los días de descanso (numeral 9.7).

Columna 3: Problema: Enunciado breve y concreto de la situación específica, ejemplo: El empleado Pérez está generando conflictos al interior del equipo; de 2 a 3 horas diarias labora el jefe en el hogar en asuntos de la oficina.

Columna 4: Actividades: Para el caso de los empleados problemáticos: Actividad 1: documentar los antecedentes conflictivos del empleado ABC, actividad 2: invitarlo a la oficina para estudiar el caso y generar entre los dos un plan para finiquitar el problema (verbal, y si es muy grave, por escrito);

Para el problema del jefe en cuanto al trabajo fuera de la oficina: actividad 1: Disminuir media hora cada día el trabajo en el hogar, hasta que llega el momento en que no lo hace y cierra esta práctica nociva; actividad 2: Revisar la agenda de trabajo para encontrar lo que está haciendo que sea necesario llevar trabajo para la casa.

Columna 5: fecha de inicio del cambio o mejora (días, mes, año)

Columna 6: Fecha en que se tendrá resuelto el problema (día, mes, Año)

Columna 7: indicador: medida que muestra el resultado logrado, por ejemplo: empleado sin muestras de conflictos con sus compañeros; cero trabajos de oficina realizado en el hogar.

Columna 8: notas: registra inconvenientes, aplazamientos, apoyos que se requirieron y lo que se va a hacer para finalmente tener resuelto el problema, lo que lleva a ajustar el plan inicial o formular otro, adicionando si así se ve la conveniencia otros factores, con sus subfactores y problemas.

c) **Ejecución y monitoreo:** Una vez aplicada la revisión del cuadro que contiene las acciones de mejoramiento, se inicia su aplicación práctica.

   Las tareas autoimpuestas deben contar con el monitoreo periódico; por ejemplo, si el plan está proyectado para desarrollar en seis meses, cada mes debe hacerse un alto en el camino para ver el desarrollo del plan. Es el momento de replantear algunas acciones, introducir otras. Si es un mes, es recomendable verificar el avance de las mejoras semanalmente.

d) **Balance de mejoras:** Una vez concluida la fecha en que se debe haber superado el problema, hay que realizar una revisión de logros y pendientes

En el cuadro 10.1 (véase en página siguiente) encontrará el plan de acción, según lo descrito.

10.2 Factores clave de éxito

La ejecución del plan incluye varios factores que se consideran claves, como los siguientes:

- Sinceridad consigo mismo respecto de los problemas y humildad para aceptarlos.
- Autocompromiso de mejoramiento.
- Monitoreo.
- Empezar de nuevo, en caso de incumplimiento en la ejecución de las actividades.
- Comenzar por los problemas en condición de críticos, por los impactos negativos que pueden estar ocasionando en el cumplimiento de los planes y programas, fallas de calidad, productividad, ambiente laboral tenso del equipo de trabajo, mala imagen.

Cuadro 10.1 Ejemplo de plan de acción.

1 Componente	2 Elemento	3 Problema	4 Actividades	5 Inicio (d/m/a)	6 Fin (d/m/a)	7 Indicador	8 Notas
Dirección del equipo de trabajo	Los subalternos problemáticos	Generación de conflictos al interior del equipo de trabajo por un empleado	1: documentar los antecedentes conflictivos del señor, actividad	18/3/00	18/04/00	Antecedentes acopiados	
			2: invitar al empleado a la oficina para estudiar el caso y generar en forma conjunta un acuerdo para solucionar el problema	25/03/00	25/03/00	Acuerdo firmado Seguimiento al cumplimiento del acuerdo	
Uso del tiempo del jefe	Trabaja en el hogar y en los días de descanso.	Cesar el trabajo diario en el hogar en asuntos de la oficina (2 a 3 horas diarias)	Reducir en 30 minutos cada día el trabajo de oficina desarrollado en el hogar	27/03/00	30/03/00	Cero trabajos de oficina ejecutado en el hogar	

- Tomar en cuenta los resultados de su evaluación de desempeño, como información importante para diseñar y aplicar el plan.

- Tener en cuenta que, como jefe, es el único responsable de mejorar.

- Apoyarse en personas que le pueden dar apoyo profesional y personal para salir adelante.

- Las recaídas pueden suceder, no hay que desanimarse por ello, simplemente, empezar de nuevo, sin que repita esta conducta, porque al final es como si no quisiera resolver el problema.

- Evitar saturarse de problemas – "quien mucho abarca, proco aprieta" --. Es mejor asumir el reto de resolver los problemas más importantes y luego continuar con los demás, hasta lograr un desempeño superior como jefe líder.

- No esperar aplausos del personal, de alguna manera los colaboradores se darán cuenta del cambio

- Tener en cuenta que no se trata de ser perfecto, sino de ser un gran líder como jefe.

- Cuidarse de llevar los problemas a "mastardelandia", ya que sería un autoengaño, que en sí mismo se convierte en el primer problema por resolver para iniciar el trabajo de autotransformación.

- Acudir a fuentes de consulta que le aportarán ideas y refuerzos para mejorar, como es el caso del presente texto en sus respectivos acápites.

- Hay que recordar que "nadie cambia a nadie", es su decisión perpetuarse en los problemas o resolverlos.

COMPETENCIAS ASOCIADAS:

Aprendizaje, comunicación, creatividad e innovación, delegación, ejercicio del mando, manejo del cambio, manejo de la información, negociación, orientación a resultados, organización del trabajo, planeación, profesionalidad, toma de decisiones, trabajo en equipo, uso del tiempo, pensamiento sistémico.

***Tips* para ser jefe líder:**

- Elabore el plan de acción de mejoramiento siguiendo las etapas sugeridas.
- Tenga en cuenta los factores clave de éxito del plan.
- Cuente siempre con un plan de mejoramiento, ya que la inercia no funciona a su favor.

Bibliografía

Boyett, Joseph; Boyett, Jimmie (1998). *Hablan los gurús*. Colombia: Editorial Norma.

Tulcán, Bruce (2007). *It's Okay to be Boss*. Inglaterra: Harper Collins.

D'Souza, Anthony (1998). *Liderazgo efectivo.* Colombia: Ediciones Paulinas.

Fox, Jeffrey (2002). *Cómo llegar a ser un gran líder*. Colombia: Editorial Norma.

Fox, Jeffrey (2002). *Cómo llegar a ser gerente.* Colección Vida Práctica. Diario El Espectador, 2002.

García, Freik. *Liderazgo. Las 10 reglas del éxito*. Consulta en Internet.

Heller, Robert (2000). *Cómo ser un buen líder*. Biblioteca Esencial del Ejecutivo. España: Editorial Grijalbo.

Hillman, James(1998). *Tipos de poder.* España: Editorial Granica.

Koestenbaum, Peter (1999). *Liderazgo, la grandeza interna*. Inglaterra: Prentice-Hall.

McClain, Gary (2007). *Managing People Book*. USA: Adams Media.

Martínez, Rigoberto (2013). *Sea un mejor jefe.* Colombia: Editorial Códice.

McDermott, Ian; O'Connor, Joseph (1999). *Programación neurolingüística para directivos*. España: Ediciones Urano.

Piqueiras, César (2016). *Manual para líderes de equipos*. Consulta en Internet.

Robbins, Stephen; Coulter, Mary (2000). *Administración*. USA: Prentice-Hall.

Maxwell, John (2011). *Las 21 leyes irrefutables del liderazgo*. España: Editorial Thomas Nelson.

Universidad Militar Nueva Granada (2002). *Módulo de Gerencia Moderna*. Diplomado de Alta Gerencia.

Universidad Militar Nueva Granada (2002). *Módulo de Desarrollo de Habilidades Gerenciales*. Diplomado de Alta Gerencia.